多重伴侶下的安全感

依附關係、創傷理論，與知情同意的開放式關係

Jessica Fern

潔西卡・芬恩——著

柯昀青——譯

獻給我最愛的克里斯・卡敏斯坎斯與我的教母瑪莉亞・普茲。
你們是我的避風港與安全堡壘，孕育我的復原力。

目次

推薦序……7
謝辭……13
詞彙一覽表……17
導論……21

PART 1

1 依附理論概論……33
2 依附的不同向度……75
3 依附和創傷的嵌套模型……91

PART 2

4 合意多重伴侶關係……119
5 依附與多重伴侶關係……135

6 依附在合意多重伴侶關係中的重要性……145

PART 3

7 在關係中維持多重安全狀態的基礎……177
8 建立多重安全狀態的「HEARTS」……191
9 「HEARTS」中的S——自我的安全依附……215
10 常見問題和最後思考……249

注釋……279
參考書目……272
名詞對照表……264

推薦序
Foreword

伊芙

自從《道德浪女：多重關係、開放關係與其他冒險的實用指南》和《多重關係：不設限的新型態愛情》在一九九七年出版以降，關於多重伴侶關係（以下視情況簡稱多重關係）的文獻已經出現長足進展。這兩本書雖然開創先河，也為過往感到孤單無助的多重伴侶者，帶來了新的身分認同與社群，但它們的書寫角度出於特定次文化，沒有（也不能）處理新興多重伴侶面臨的所有問題。

其他文獻大約是在二〇〇〇年代晚期開始增加，類似《打開關係：創造與維持開放關係的指南》以及其他較少為人知的書逐漸問世。這些書雖然提供了更廣泛的實用建議，但正如《打開關係》一書標題所示，這一波的多重關係實踐以一對主要情侶（primary couple）為核心，提倡一種階層式的架構，賦予主要伴侶（primary partners）最高的地位、權利與安全感，優於次要伴侶（secondary partners）與關係中的其他人。早期的媒體呈現中，例如《多重伴侶關係：婚後去約會》等電視節目，更強化了這種形式的關係設定。我自己在二○○○年代初期所接觸、探索的，正是這種多重關係。在我常接觸的網路社群（及所有的媒體形象）中，多重關係通常都是這種分層結構，但這種結構會刻意保護主要伴侶的依附需求，延續單偶制型態的安全感，還會掩蓋潛在的依附斷裂；同時，這種結構還澈底忽略「次要」伴侶的依附需求——跟其他「配合開放」的人相比，主要關係（多半預設是同居伴侶）之間的感情往往被視為更重要、更值得被保護。不過，當然有人對這種架構提出挑戰。二○○三年，〈次要伴侶權利法案草案〉一文的問世，在多重伴侶關係的網路世界中造成轟動，也成為次要伴侶用來呼籲重視其需求的重要工具；二○○六年，安迪．諾德格倫進一步提出了〈不定義關係的簡短指導宣言〉，撼動分層式關係結構的必要性；到了二○一○年代早期，陸續有愈來愈多知名部落客——多數立基於諾德格倫的主張之上——開始提倡，應肯認更多元的關係類型，尤其應該要看見次要伴侶的需求。

接著，到了二○一四年，我和另一位作者共同出版了《兩人以上：道德多重關係的實用指南》一書，試圖將過去十年的爭辯提煉成一本指導手冊，呼籲用更不分層且平等的方式來思考多重關係。

儘管《兩人以上》鼓勵眾人，應該要拆除那種單偶制與多重伴侶制都用來作為外部支撐的階序結構，這麼做卻帶來了一些缺點：因為拆除外部結構，等於是把建立安全感的責任，全部放在充滿不安全感的個人身上。儘管該書確實幫助了不少人，但這個焦點錯置卻也帶來了傷害，我後來已經逐漸察覺，當時所提出的框架明顯少了點什麼，但我就是一直說不出來究竟是什麼。

直到二〇一六年，諾拉・莎瑪蘭在部落格上發表了〈強暴文化的相反就是養育文化〉一文，我才終於找到適當的文字說明《兩人以上》的缺陷。我透過推特找到她，想和她談談。

納瓦

伊芙是在二〇一六年的夏天與我聯繫的，當時我們都住在東溫哥華。在那之前，我的文章〈強暴文化的相反就是養育文化〉在網路上爆紅，她想找我聊聊在工作上合作的可能性。

我們在東溫哥華一間小咖啡館見面，喝著冰飲，一邊拋出如何結合依附理論和道德多重關係的合作構想。我們很快就發現，原來我們根本就住在對街，結果接下來的幾個月，我們做了鄰居會做的事：她邀請我去她家摘無花果，我回送了她一些無花果醬；我們偶爾會一起散步，大談政治與道德；我有時還幫她餵貓。生活如常地運轉，而我們的合作構想也如常地被拋到腦後。

又過了三年，伊芙傳了潔西卡．芬恩演講的連結給我，補了一句：「芬恩正在做我們之前講過的事。」我點開影片，看著芬恩如何充滿風格、優雅機智地將依附理論和道德多重伴侶關係緊密串連，我深受吸引。

芬恩的主張非常具開創性，突破了過往眾多關於道德多重伴侶關係和感情的文獻，本書所提供的方法，不僅對採行道德多重關係的人有幫助，對於想要探索感情、溝通需求，以及要做出承諾決定的單偶關係伴侶來說，也必獲益良多。本書拓展了既有的文獻，甚至可能會創造一種典範的轉移。

芬恩本身所具有的獨特經歷，使她格外適合書寫本書：她是一名多重關係諮商師，具有多年的多重伴侶諮商經驗，而她的碩士學位是關於衝突分析和紛爭解決。她所受的學術訓練與她擔任諮商師所累積的豐富實務經驗，讓她培養出絕佳的洞察力。芬恩過往經歷過創傷，自己也走過了一段曲折蜿蜒的療癒之旅。

就某意義上來說，芬恩此書所補上的正是《兩人以上》一書未能處理的空白。二〇一四年由剌槐出版社所出版的《兩人以上》，富有「多重伴侶聖經」的美譽，不僅是當年的最為熱門、最廣受閱讀的多重伴侶關係指南之一，直至今日，這本書也依然具有指標性與實用性。《兩人以上》的問世開啟了相關討論，也改變了人們思考和組織其感情關係的方式；但正如同伊芙的反思所述，儘管這本書充滿力量，但也終究有其侷限。

我所認識的伊芙，在面臨新的見解與資訊時，總願意、甚至渴望回頭檢視自己的工作，也期待能讓自己有所成長。這種願意嘗試、評估、尋找新的見解與挑戰，而且願意改變思考方式的作法，相當專業，也令我敬佩。透過剌槐出版社的出版，伊芙也成為讓《兩人以上》進入公眾討論的重要推手，而該書也確實成為首開先河的作品。

到了本書，潔西卡．芬恩則再次將對話向前推進。雖然我們無法確知每本書在不同文化背景下會如何被解讀，但我感覺，對於希望建立安全關係的讀者來說，本書不僅能協助他們尋找自己的需求、欲望、承諾，對於其他讀者來說，本書內容也有助於提供增加關係透明度的語彙。

當一切進行得宜，讀者或許就有機會認識、享受，並且做到真正的知情同意。

正如芬恩在本書中的精采論證所述，真正的安全感，是一種內在與外在交織的產物。安全感可能存於內在培養，但也會出現在我們與他人所建立的各種情感紐帶之中，可能是關係層次、社群層次，但也可能是更大的文化與社會層次。

當年那個夏日我與伊芙喝著咖啡所討論的合作計畫，現在已經不再需要。本書已經走進這片空白，嚴謹而仔細地補上了這個缺口。希望讀者都能跟我初讀本書手稿時一般，感到平靜，備受說服。

伊芙・李凱爾特與納瓦・斯莫拉什
加拿大，英屬哥倫比亞，維多利亞
二〇二〇年七月

伊芙・李凱爾特—《兩人以上：道德多重關係的實用指南》（刺槐出版社，二〇一四）的共同作者之一。
納瓦・斯莫拉什—有時也以筆名諾拉・莎瑪蘭寫作，曾著有《顛覆世界：養育文化的出現》（AK出版社，二〇一九）。

謝辭 Acknowledgments

致我的雙親：感謝你們愛情的火花，把我帶到這個世界。我們每個人各自都經歷了許多鳥事，而正如母親經常說的，我們多數時候是一起長大的。母親，謝謝妳不管我做什麼，都對我充滿熱情與堅定不移的支持，也謝謝妳給我這麼大的自由，讓我成為我自己。父親，謝謝你的勇敢，也謝謝你願意投入親子之間可能最為困難的對話。

感謝約翰·利波拉提，沒有你就沒有我，也沒有我的寫作。無論是我的大學申請論文、我的求職信、我在大學和研究所階段所完成的每一篇重要文章或是本書，你總是在我的身邊，從來沒有人像你這樣陪伴我。打從我們相識的第一天開始，我們的紐帶就無堅不摧，謝謝你視我如己出。

戴夫：真好笑，我出版的第一本書，就這麼剛好是你沒有幫我代筆的作品。謝謝你長年支持我寫作。你的語言天賦如此驚人，我常只求我稍微沾光。本書中有許多見解，都是以你我的婚姻作為試煉場，我們能夠如此充滿彈性、愛與意識地探索相聚、分離、情感、養育工作，真的是不可思議。你永遠都會是我生命中最重要的依附之一。

迪亞哥：早在你出生之前我就知道，我能夠成為你的避風港和安全堡壘，會是非常重要的事情，但我完全沒有想到，成為你的母親竟然對於我的依附療癒工作能有如此深遠的影響。謝謝你帶給我的圓滿與愛。

尚恩：謝謝你在我們交往的第一年成為我心渴求的安全依附。你總是那麼堅強、安全、溫柔地陪伴我度過我的各種恐懼時刻。你用我需要的方式陪伴我、鼓勵我接下本書，並提醒我在寫作時，不要忘記自己、工作生活之間的平衡，以及我們的感情。謝謝你讓我待在正確的軌道上。對於我們既有的成就，我非常感激，對於我們即將前往的地方，我感到興奮。

感謝伊芙・李凱爾特，是妳讓我有機會創作這本書。感謝安德烈・札寧對於本書內容、寫作風格、語調的寶貴回饋。感謝黑茲爾・波依戴爾在編輯與各種細節上的協助。感謝海瑟・凡・德・霍普的細心校訂。凱特和莎拉，感謝你們讓我和伊芙能在西南愛情節結識。諾倫・羅勒斯，感謝你和我一起瘋狂地鑽研依附和非單一伴侶關係。我們的討論內容和你的諸多意見，對本書來說都是重要的補充。

致我的姐妹，克里斯蒂、亞歷山德拉、艾琳、潔西卡。打從這段旅程之初，你們就一直為我加油，無論就個人層面還是工作層面。謝謝你們一直以來的鼓勵，以及從不動搖的全心支持。你們每一個人對我來說，都是我的全世界。

最後，我想要感謝我所有的個案。我們的合作對我來說是龐大的學習歷程，希望我從我們之間的對話中所獲得的發現，能夠支持閱讀本書的每一個人。

詞彙一覽表
Glossary

編按：非一對一關係中許多術語台灣尚未有統一譯名，或時常混用。

本書部分用語參考《道德浪女》繁體中譯本（游擊文化，二〇一九出版）。「非一對一關係」（Nonmonogamy）一詞，與「多偶制」（Polygamy，非一對一的婚姻關係）和「多重伴侶關係」（polyamory，兩人以上知情同意的道德戀愛關係）定義上不同，前者涵蓋但不限於後兩者。為求閱讀流暢、便於讀者吸收，本書中譯在無礙原意、作者未強調時，視情況以「多重伴侶關係」或「多重關係」稱之。

本書之「單偶」，指一對一的戀人、伴侶，不限於法定配偶，特此說明。

同樂、愛屋及烏之愛（Compersion）

因為他人感到幸福，而產生的幸福、喜悅或愉悅狀態。在多重伴侶關係中，此詞特指，當你的伴侶和其他情人正面發展時，你所感受到的正向情緒。

合意多重關係（Consensual nonmonogamy, CNM）

同時擁有多位性伴侶或戀人（或兩者皆有），關係中的所有人對於這種安排都知情同意。CNM包括但不限於多重伴侶關係（polyamory，又譯多邊戀）、交換伴侶（swinging）*、開放式婚姻（open marriage）、開放式關係（open relationship）、獨身多重伴侶關係（solo polyamory），以及不定義關係（Relationship Anarchy，又譯「關係安那其」或「關係無政府狀態」）。

情人的伴侶（Metamour）†

兩人共享一位情人，但彼此沒有戀情或性關係。例如，如果你的情人有配偶，你和其配偶就會成為這種關係；或者，如果你有男友或女友，他們兩人之間沒有其他關係，他們就互為彼此情人的伴侶。

單偶制、單偶關係（Monogamy）

同時只有一位性伴侶或交往對象。

單偶制正統假設、一對一正統預設（mononormativity）

此詞由學者瑪莉安娜．皮珀與羅賓．鮑爾所創[1]，用來指涉社會主流認為單偶關係才是自然、正常關係的假設；無論是政治、大眾文化與心理學敘事上，往往都預設一對一的單偶關係是面對關係時最好、最自然或道德上最正確的作法。

多重關係飽和（Polysaturated）

想到要另起一段關係時，會感到疲憊而非興奮的狀態。一個採行多重伴侶關係的人，當他擁有的重要與不重要交往對象，達到他自認在該段期間可以處理的人數，就稱達到多重關係飽和。

編按：更多詞彙，後文頁一二八—一三三將另有詳盡說明。

* 譯註：此詞並非狹義指兩對伴侶互換另一半，並各自帶開發生性關係。此處的「換」，指伴侶換了一個人。參與的伴侶不限對數，且通常會在同一空間或活動一起參與性行為，為一種強調個體獨立性，誰都不擁有誰的狀態。後文將另有解說。

† 譯註：亦可曰情人的情人，或伴侶的伴侶。《道德浪女》一書採台灣常見的戲謔說法譯為「表親」。

導論
Introduction

我寫這本書，是因為我相信愛情。我曾反覆體驗到愛情可能帶來的療癒、溝通、連結與覺醒的力量，以及缺乏愛情所帶來的創傷。我的生命有許多面向，不只是要相信愛，而是要「成為愛」。也就是說，我要無時無刻、每段關係，都盡我所能地散發愛。我相信很多正在閱讀本書的讀者也都相信愛情，我也相信各位正是基於這種想要強化、深化愛情的欲望，才會拿起這本書。

我雖然去年才正式下筆，但我的旅程早在四十年前就已經開始——從我嬰兒時期首次出現依附感受，以及後續出現多次的依附斷裂（attachment ruptures）經驗，作為開端。我是第三代的紐約客，成長在布魯克林的公營住宅區中，那是個暴力頻繁出現的社區，在我的家族中，也不乏多次離婚、跨世代創傷、性侵害、藥物濫用、精神疾病、關係不和睦等經驗。這些經歷全方面地影響我的生命，也帶給我持續很長一段時間的挑戰，但它們也讓我下定決心：我不但要走出這些艱困的童年經驗，要持續成長、維持復原力，我還要協助其他因為忽視、虐待、創傷、貧窮而受苦的人，走向療癒，邁向蛻變。

為了瞭解身心靈的治癒方法，我開始鑽研一切跟療癒有關的資料，從精神面到學術面全不放過。我的人生都在研究人要如何改變與發展，要如何健康有效地溝通，在創傷之後要如何療傷、如何回到安全狀態，要如何擺脫我們的生存本能反應和防衛機制，要如何將自己從偏執、漠視、內化的自我壓迫中解放。

應該不難想像，這種探尋也讓我的職業生涯變得多元，交織了幾個看似迥異的主題——我信奉入世的佛教，同時是位身體經驗工作者；我研究種族滅絕，同時是一位諮商心理師。我為個人提供諮商服務大約十年之後，開始跨足到伴侶諮商的領域；我記得有一週，我要和三對不同的情侶進行會談，其中一對情侶向我提到，他們想要探索多重伴侶關係。這立即引起我的注意——我個人雖然知道多重伴侶關係，但在專業方面完全毫無頭緒。我過往所受的訓練，不會提及非單一伴侶關係，就算有，往往也帶著輕蔑或貶低的價值判斷。另外一對情侶也告訴我，他們正在閱讀《樂園的復歸？：遠古時代的性如何影響今日的我們》一書，作者克里斯多福．萊恩與卡西爾達．潔莎分析了單偶關係的演進，並指出它在人類歷史中其實是相當晚近的產物。接著，作為一名專業（但資訊不足）的諮商師，我趕快去買了這本書，以提供更好的協助。沒有想到，閱讀《樂園的復歸？》一書竟然成了我個人的啟蒙。在翻閱本書之時，我發現了很多我原本不知道存在的自己，以及已經沉睡多年的欲望。作為一名雙性戀女性，我一直非常困惑，自己的性傾向要如何跟單偶關係（與一男，或是一女）共存。儘管我過往對多重伴侶關係已有不少了解，但多半是從第二人稱或第三人稱的角度，即認為那是「你們」或「他們」在做的事情——直到讀了《樂園的復歸？》，我才終於從第一人稱的角度認識到多重伴侶關係，同時意識到，其實我不但早在十幾、二十歲時便已實踐了多重伴侶關係，現在也認為它是最能充分表達我對愛情與性欲想像的一種關係形式。

這一切發生時，我還處於一段單偶制的婚姻之中，也就是說，我不可能隔天就脫離單偶制的關係限制，並且展現這份與多人戀愛的能力與欲望。《樂園的復歸？》所帶來的啟蒙，不僅影響我個人，也影響了我的婚姻與家庭；值得慶幸的是，經過與當時丈夫的多次長談與努力，他願意和我一起從單偶關係轉換成多重伴侶關係。然而，無論當時我們兩人有多麼願意、渴望這個轉變，我們都沒有意識到自己即將踏上一段不可逆的旅程。我與他、我們的婚姻全都經歷了巨大變化，我們感受愛情、誠實、親密、歡愉的能力大幅提升，而且由於我們開始在各種關係中（包括我和他之間、我們與家人、朋友與其他伴侶之間）體驗到各種失落感、心碎、依附型態改變，我們的內在世界也出現劇烈變化。當時在多重伴侶關係的自我成長領域中，還沒有什麼資源能夠協助我們為依附系統做好準備，因此我們就跟其他踏入多重伴侶關係的人一起，靠著自己開闢新徑、蹣跚前行，並反覆地以自身、彼此、其他情人作為代價，嘗試從錯誤中學習。

我的個人旅程、我的職業生涯，以及我從單偶關係轉換到多重伴侶關係的歷程，都不是線性的。出乎我意料之外的，是我的個案促使我擁抱多重伴侶關係，並帶領我把執業重心放到這個領域。我目前約有七五％的個案屬於多重伴侶關係，我不是在跟個案面對面或遠距會談，就是在針對多重關係、創傷、依附、蛻變等主題演講或帶領工作坊。

○為什麼要寫一本關於多重關係和依附的書？

在西方社會的戀愛觀之中，充斥著許多會壓抑非傳統感情的預設與限制，許多人都深受其害。隨著浪漫愛（romantic love）的版圖不斷擴張，單偶其實已不再是唯一可行的關係形式，社會觀念、思考愛情與伴侶關係的心理學模型也全都需要更新，才可能納入超越單偶典範的關係結構。

我認為，心理學界的依附理論（attachment theory）可以帶給我們一個重要，甚至可說是革命性的框架，能協助我們理解人類與他人建立安全關係的生物與心理必要性；依附理論也可以讓我們知道，依附斷裂會帶來哪些重大挑戰，又會如何影響我們給予、提供伴侶的愛。過往研究已經反覆證明，釐清自己的依附類型，並藉此和伴侶一起往安全依附（secure attachment）前進，是建立幸福、永續關係的重要元素。依附理論，是英國心理學家約翰．鮑比在一九六〇年代所提出的理論[2]，但在過去幾年間，它已經逐漸擴張到學術和心理治療的領域之外，在關於自我療癒、親職教養、約會、婚姻、感情等更一般性的公共討論中也相當流行。

很多採行道德多重關係的人（他們常驕傲地自稱是「關係怪咖」（relationship geeks））已經對依附理論有所接觸，並且認為那有助於強化我們對於關係的整體認識。依附理論也很常被用來協助處於多重伴侶關係的人，作為他們釐清、解決各種擁有多位伴侶可能遭遇到的特殊挑戰與問題。儘管本於依附理論的各種治療方法，目前已經被伴侶諮商領域，視為目前最有效、研究基礎也扎實的治療手法，但究竟這些方法要如何運用在非單偶關係的伴侶身上，卻一直沒有答案。可以想見的是，關於如何建立安全戀情的現有資源與建議，多半都還是以單偶制為出發點，無論有意還是無意，帶有高度「一對一正統預設」色彩的建議，往往讓處於多重關係的人更為困惑，不知道同時擁有多重伴侶的自己，要如何建立起安全的關係。

幾年前，我和科里一起嘗試多重伴侶關係。當時，我還和先生孩子同住，科里則和他的主要伴侶住在附近的小鎮。有一天，科里承認自己出現**焦慮依附**（anxious attachment）的反應。我們都希望彼此的感情能夠更親密、更緊密，但我們也都清楚，要同居或混合彼此的家庭並不可行，於是我們開始好奇，要如何能夠不透過同居、不成為主要伴侶、不共享財務、不共同生養小孩等作法，讓我們的關係變得更有安全感。

我們開始聽一本討論依附理論的有聲書，有點急躁地直接跳到建議的章節，想知道如何在戀情中建立安全依附。由於我個人有很多特質屬於少數族群，所以已經很習慣在獲得資訊與建議時要做二次詮釋，閱讀關於「典型」的規範性論述時，我的大腦也會自動轉譯，只擷取真正跟我有關、我可以運用的關鍵資訊。然而，科里並不熟悉這種語彙轉換的作法。他從字面意義去閱讀與理解那個章節之後，變得非常沮喪，洩氣地認為他和我永遠不可能建立起安全依附關係，畢竟書中的建議，半數以上我們根本做不到。起初我對此非常訝異，因為我讀完相同的內容，一直覺得信心滿滿。直到我停下來思考，為何我們對於同樣的內容會出現如此迥異的感受時，我才發現，我的樂觀跟作者的鼓勵無關，而是因為我可以迅速地過濾出真正適用於多重伴侶情境的資訊。但科里的觀點對我很具啟發，因為他說的對——如果多數的建議都不適用於我們，我們究竟剩下什麼選擇？

大約在同一時期，我有幾位多重關係的個案也開始出現類似的不滿。和我與科里一樣，他們也希望能和「所有情人」建立起安全的依附關係，但每當他們讀到依附理論時，總會大受打擊，甚至覺得自己不正常。在這些一對一正統的依附理論文獻中，他們看不見自己，因為他們完全做不到專家說可能促成安全關係時的建議。儘管我自己能夠翻譯、篩選、重新建構我從各種主流書籍和有聲節目中所獲得的內容，並運用到自己或個案身上，但我發現，這並不代表其他人也可以——而且他們可能都是聰明且學識淵博的人；我更意識到，我們根本不應該需要自己篩選，因為安全依附當然不只適用於單偶制的伴侶。於是，我將科里和我個案的沮喪感受，視為是我個人與職業上的挑戰。我向科里保證，我至少可以列出一份清單，是我們想要培養安全依附關係時「可能做得到的事情」，而且我們可以不透過同居、不用成為專屬伴侶，甚至也不需要成為主要伴侶，就能做到。這份清單後來成了一場演講，最後催生了這本書。謝謝你，科里。謝謝你們，我所有的個案。

許多採行多重關係的人，都能夠同時與多位情人擁有相當安全、充滿愛意且健康的關係。本書的目的，就是要拿掉依附理論文獻中所戴的單偶鏡片，這樣我們才能夠把許多能夠解釋人際關係與連結的精采知識，應用到多重關係的脈絡之中。就我與我的編輯所知，本書應該是第一本嘗試把依附理論的原則，明確轉譯到多重伴侶情境的書。

本書的第一部分，將會概要描述依附理論和創傷。我會在第一章概略介紹依附理論，並且說明童年經歷將如何影響人們所發展的四種依附類型。第二章則將探索主流文獻較少被討論的幾個依附面向，並且檢視焦慮依附和**迴避依附**（attachment avoidance）的不同面向，更細緻地理解這四種不同的依附類型；此外，我會依照依附類型的優點與欲望（不是只看其功能缺陷）來重新定義它們，藉此強調，不安全依附也可能只是追求自主性與連結感的健康表現；在這一章，我還會處理不同的依附將如何影響人劃定界線、給予愛、接受愛的方式。在第三章，我將會介紹依附和創傷的**嵌套模型**（nested model）*，我發展這個模型，是希望能夠拓展我們討論與想像「依附」和「創傷」的方式——兩者會出現在人類生命中的許多不同層次與面向，該章我將會討論這些不同層次與兩者各自的關係。

本書的第二部分，將著眼於多重關係和依附之間的相互作用。在第四章，我將解釋人們採行多重伴侶關係的不同原因，並依照**性排他**（sexual exclusivity）與**情感排他**（emotional exclusivity）的程度高低，說明不同的多重關係類型。第五章將回顧當前依附文獻對多重關係的看法。接著，我將從多重關係的角度出發，提出我對依附理論的批評。在第六章中，我將呈現我在實際諮商現場所觀察到的多重關係和依附關係；在本章的最後，我會透過依附和創傷的嵌套模型來說明，多重關係的具體、特殊依附斷裂與創傷，會如何在各個層次上出現。

本書的第三部分，將採取比較實用性的角度，介紹在以依附為基礎（attachment-based）的多重伴侶關係中，你與伴侶可以如何培養出安全依附。第七章會請你釐清自己是否真的願意發展基於依附的感情，接著會介紹，何謂成為伴侶的避風港（safe haven）和安全堡壘（secure base）。第八章和第九章將介紹可以在多重伴侶關係中，建立起多重安全（polysecure）狀態的HEARTS方法——這六個字母各自代表著你需要做的六件事情。第八章聚焦於前五個面向（HEART），說明你要如何和別人建立安全依附關係；第九章將把視角限縮在第六個面向（S），說明你要如何和自己建立安全依附——我個人認為，這是個對非一對一關係來說極其關鍵、卻時常遭到忽略的面向。第十章是本書的最後一章，我將提出一些

＊ 譯註：作者在第三章所提出的模型，是想強調「多層次」的架構，台灣在描繪多層次函數模型時，會使用「嵌套模型」一詞，但在形容這種次級變項（或模型）會被主級變項（或模型）所涵蓋的關係時，也會交錯使用「鑲嵌」「巢套」「巢狀」等語。考量整體性，本書將固定使用「嵌套」一語。另外，雖然在多重伴侶關係中，會使用「nest」一詞來描述伴侶決定彼此「共築愛巢」，有時也會用來描述一種「附隨在主要關係之下」的狀態，但為避免與「嵌套模型」的概念混淆，在後兩者語境中，會譯為「同居伴侶」「次要關係」等語。

常見問題，作為本書的結尾。我希望，這本書能夠拓展依附理論的應用，隨著有愈來愈多人踏入非一對一關係，我也希望本書能夠協助大家，以合乎道德、充滿愛意、技巧純熟——而且安全——的方式，踏足與遊歷這些目前仍人跡罕至的領域。

PART 1

本書的第一部分，將會概要說明
依附理論、安全與不安全依附的四大類型、
依附的不同面向，以及依附與創傷的嵌套模型。
本書中對不同依附類型的描述，
主要改編、啟發自黛安・普爾・海勒、
丹尼爾・西格爾、馬里奧・米庫林瑟、
莉莎・費爾史東、丹尼爾・P・布朗、
菲立普・R・薛佛等人的研究成果。

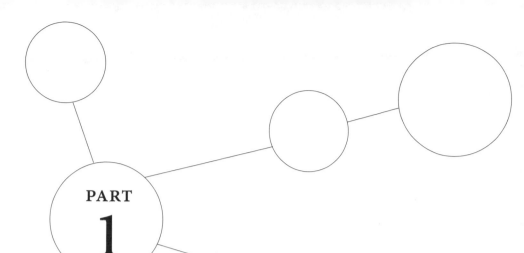

CHAPTER 1

依附理論概論
An Overview of Attachment Theory

健康的依附是一種深刻的情感連結，是一種持久的親密感，可以跨越時空地聯繫人們。[3] 人類天生就擁有一種**依附系統**（attachment system），讓我們期待和他人建立關聯性。提出依附理論的學者約翰．鮑比，將這種與生俱來的期待稱為**依附行為系統**（attachment behavioral system），認為是人類為了生存而演化出來的行為系統之一。作為嬰兒，我們無法滿足自己的任何需求，基於生存需求，我們勢必得和能提供我們食宿的照顧者建立起紐帶與依附關係，並且滿足嬰兒在生理與心理上對於**情緒同步**（emotional attunemnet）*、溫暖回應與身體接觸等需求——在大眾育兒文化中，通常將此稱為**肌膚時間**（skin time），是兒童早期發展的關鍵。

當嬰兒感到恐懼、痛苦或不適時，依附系統就會啟動。這些感受會讓嬰兒想靠近照顧

* 指自然界的個體因共處，最後情緒同步協調成一致的狀況，類似蟬叫或青蛙的共鳴。此處的例子，若照顧者心情平和，便容易使嬰兒也平靜下來。

者，或者出現**趨近尋求行為**（proximity-seeking behavior），例如哭泣、伸手、呼喊，年紀稍長的嬰兒則可能會爬行、跟隨他們的依附對象。

這些行為都是為了要恢復安全的感受，並且回到實際的安全處境。當兒童所需要的支持、安心和慰藉需求，確實被照顧者所滿足，他們的神經系統就會回到平靜、穩定的內在恆定狀態。由於嬰幼兒還不能調節自己的情緒狀態，所以他們會需要依靠照顧者來共同調節。親近他人有助於讓兒童平靜，長時間獲得照顧者的照看與安撫，也能夠讓兒童學會自我安撫（self-soothe）、自我調節（self-regulate）情緒狀態的能力。兒童希望知道，我們的依附對象會在我們身邊、是觸手可及的；我們也希望知道，當我們有困難時，依附對象能夠成為我們的避風港，接著能夠成為我們的安全堡壘，讓我們能夠安心地出外冒險與探索——鮑比將此稱為**探索行為系統**（exploratory behavior system），當我們的依附需求獲得滿足時，這個系統讓我們能夠從容、自由地探索自我、他人，以及周遭的世界。

約翰．鮑比和學者瑪莉．安斯沃斯的研究顯示，兒童會發展成安全或不安全依附，取決於家長能否成為與他們情感相連、回應迅速的避風港。如果照顧者多數時候都滿足了孩子的需求，他們通常就會發展為安全依附；如果孩子覺得照顧者很不一致、遙不可及、沒有回應，甚至可能帶有威脅性和危險性，他們就會發展出比較不安全的依附。如果童年時期缺乏依附對象，或者令人恐懼，我們就難以發展能夠自由探索、了解世界與發展自我的能力；當這種狀況發生，我們就會發展出不安全的策略與他人互動——我們可能變得比較防備、焦慮，或者變得比較逃避、排斥。

學者馬里奧．米庫林瑟和菲立普．薛佛曾經提出一個模型，說明依附系統的功能和動態，[4]我把它轉化成下頁的流程圖，來展示不同依附體驗的產生過程。首先，當兒童遇到威脅（無論是感受上或實際上的威脅，還是生理上或心理上的威脅），他們都會想靠近依附對象，以尋求保護。如果此時依附對象確實可得、有所回應，而且滿足了他們的需求，兒童就會獲得安全感，能夠回去玩耍或繼續探索；如果依附對象並不可得或沒有回應，缺乏避風港可以求助的兒童就可能會採取**鈍化**（deactivating，**關閉**）或**激化**（hyperactivating，**啟動**）的策略，來回應自己的依附需求。

當兒童感到害怕、受到威脅或需要幫助，但「靠近照顧者卻不可行」（他們不在身邊，或者尋求他們協助也無濟於事），我們就會知道得要更仰賴自己，於是，我們就會變得更自力更生，並把自己的依附需求降到最低。當我們鈍化或關閉自己的依附系統時，我們也會壓抑其所衍生的各種渴望——不過，並不是因為我們不想獲得親密感或連結感，而是為了要適應、生存下去。如果我們感到不舒服或有危險，而「靠近照顧者似乎可行」，我們

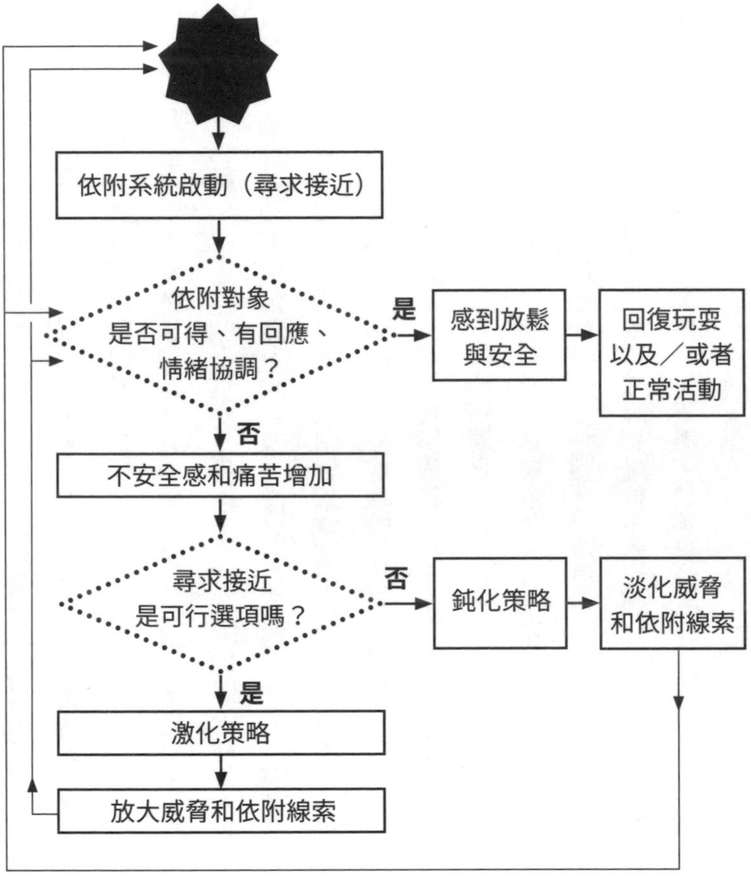

圖1.1｜改編自米庫林瑟和薛佛的成人依附系統啟動與功能模型[5]

就會發現，可以提高哭泣的強度來引起他們的注意。如果照顧者沒有直接回應我們最初的**依附要求**（attachment bid），但提高強度、激化依附系統的作法確實某程度上引起了他們的注意，我們就會認為這個策略是有效的。我們將在本章後方討論這些策略——鈍化、激化，或在這兩者間搖擺——如何和三種不同的不安全依附類型相互關聯。

可能讓兒童採取鈍化依附策略的照顧者作為包括：

- 忽視或虐待兒童。
- 情感淡漠或拒絕孩子。
- 回應孩子時帶有敵意、憤怒或威脅。
- 不鼓勵孩子展現脆弱性。
- 鼓勵（明確地或隱晦地）孩子靠自己、要獨立。

可能讓兒童採取激化依附策略的照顧者作為包括：

- 不可靠、不可預測或具侵略性——有時互動令人愉悅、緊密相連，但有時卻情緒失調、情感斷裂。

- 會懲罰或批評孩子的獨立性或好奇心。
- 給予孩子他不足、無能、愚蠢，或在某些方面很失敗的訊息。
- 採取直升機式的育兒方式，可能包括過度讚美，但也包括過度控制、保護或完美主義。
- 如果孩子和依附對象分離時，遭到虐待或出現創傷經歷，會強化「與依附對象分開很危險」的想法。

這兩種策略也可能同時發生，換言之，孩子可能會同時具有激化和鈍化的經歷，或者可能在這兩種策略之間搖擺。關於這點，我們會在恐懼－逃避型依附的部分進行更多討論。

○安全依附：當童年時期的依附需求都獲得了滿足時

一般而言，安全依附兒童的家庭環境，多半是溫暖、支持性的。他們的照顧者通常可及、可得，對他們的需求也有所回應。照顧者並不需要「時時刻刻」都處於這種狀態，只需要有「足夠」的時間如此即可；當兒童出現依附需求，就會向依附對象靠近，如果對方此時展現情緒同步的狀態給予回應，就能夠讓他們的神經系統平靜下來。[6]透過這種經驗，兒童會發現，允許自己感受內在需求，並且將這些需求傳達給別人，是一種有效的策略。一個在場、安全、保護、有趣、情緒同步、有所回應的照顧者，是讓兒童培養出安全依附的關鍵。

早期的正面依附經驗，對健康的大腦發育和情緒調節有很大的影響。[7]當依附對象在情感上能和孩子有所共鳴，孩子就能獲得支持，並學會調節自己正面與負面的情緒，這也有助於降低壓力荷爾蒙、增加催產素（連結荷爾蒙）。藉由和照顧者共同調節，他們也能學會理解和處理表情暗示和社交暗示、學會同理心，並提高抗壓能力。當孩子和成人的互動經驗比較安全，他們的自信心通常比較高、創傷復原力較高、社交技巧比較好、專注力更高、更能享受遊戲，整體的情緒也比較健康。

藉由被照顧的經驗，孩子就可能發展出一種安全感和信任感，他們會知道：這個世界是個友善的地方，他們可以隨心所欲，因為他們身邊的人關心，也願意協助。

成人階段的安全依附

童年早期的依附體驗，將會成為我們在成人戀愛關係中所追求、期待的關係藍圖。我們與照顧者的互動經驗，會影響我們如何看待自己，也會影響我們在有需求時，對於伴侶的回應有何期待。[8]屬於安全依附的人，通常擁有比較健康的自我意識，並且能夠用正面的角度看待自己和伴侶。他們的人際互動方式，也會受到過往經驗影響——他們知道自己有需求時可以提出，而此時別人通常會傾聽、願意回應。知道自己的行動有成效能帶給我們自主感。作為兒童，當我們為了減輕不適而用身體或聲音向外求助，而照顧者通常能夠滿足我們時，我們就會知道自己是重要、值得被愛的存在，進而為我們帶來健康的自信心，以及對自己能力的正面感受。等我們長大成人，這些經歷也讓我們能更有彈性，可以面對伴侶無法滿足自己需求的時候——我們會比較能夠承受被拒絕或滿足有所遲延的情境，我們也比較能夠改採其他方式來滿足自己的依附需求，不會因此動搖彼此的關係。

鮑比認為，依附理論可以解釋「從搖籃到墳墓」的一切經驗，[9]他並指出，成人戀愛關係就是一種互惠的依附紐帶，伴侶會成為彼此的依附對象。鮑比認為親子依附關係具有四個基本特徵：**保持靠近**（proximity maintenance）、**分離沮喪**（separation distress）、**避風港**（safe haven）、**安全堡壘**（secure base）。而我們會發現，親子依附關係和成人依附關係之間具有很多相似之處。例如，成人在培養和強化戀人之間的感情時，會尋求身體接觸、會深情款款地相望，甚至會用娃娃音說話、發出嬰兒學語的咕咕聲。與戀人分離會帶來痛苦；遭遇困難時會想要靠近他們，視戀人為避風港。我們也會把戀人視為探索世界與自身性傾向的安全堡壘，也知道能和戀人分享所有的重要發現。[10]

當然，親子依附和成人依附還是有所不同。儘管成人也還是希望能規律、持續地靠近我們的戀人，但我們通常能夠容忍比較長的分離階段，運用一些心理技巧，讓自己理解彼此為何會分開（例如，「他正在工作」「他正在出差」，或者「我這個週末要跟我的孩子在一起，幾天後我就能見到他了」）。作為成人，我們也比兒童更有能力運用各種正面想像——例如，我們可以想像彼此重聚的感覺，我們的身體可能感受到戀人的存在——這些技能，都能讓我們在彼此分離時，帶給我們比較舒適和安全的感受。

與親子依附相比，成人依附還有另外兩個不同之處：相互照顧、性行為。[11]親子之間的照顧通常是不對稱的：處於安全環境下的孩子會獲得依附對象的照顧，但不會提供回報。但在成人依附中，伴侶之間的照顧是比較對稱而互相的。性行為當然也是成人依附和照顧行為系統的重要成分。

安全依附的孩子長大成人後會相信自己值得被愛，並且會尋求在身體和情感上，都能建立健康關係的人。安全依附的成人對於親密性、親近性以及自己對他人的需要或渴望，不會感到不自在，他們不擔心失去自我，也不擔心被關係吞噬。對於安全依附的人來說，「依賴」並不是個骯髒字眼，那是個不用失去自己、不用妥協就可能感受到的事實。

安全依附的人對於自己的獨立性和個人自主性，也很自在。和戀人分離時，他們可能會覺得想念，但在獨處時，他們也打從心底覺得沒問題。要和伴侶暫時分離時，他們對於被遺棄的恐懼也非常低。換言之，安全依附者會感受到關係對象的恆常性（relational object constancy），即使在身體或情感分離的期間，也仍然保有信任他人、建立情感連結的能力。

對象恆常性的概念，是個兒童認知發展上的里程碑，發展出這種概念的兒童，才能夠理解依附對象是個獨立的人，這個人會愛他們、會待在他們的身邊，但他們也會離開房間，而即使他們短暫不在視線範圍之內，不代表他們完全消失。在成人階段，關係對象的恆常性讓我們能夠信任，即便彼此分離，自己與他人的聯繫和連結也會持續下去。安全依附的人能夠內化伴侶的愛，即使彼此的身體分離、情感斷了聯繫，甚至是在發生衝突時，仍然能夠隨身攜帶。

安全依附的另一個重要面向是，他們在感到沮喪時，可以自己調節情緒，也可以接受伴侶的支持，共同調節。安全依附的人比較能夠照顧自己的需求，並請伴侶提供協助。在我的諮商實務經驗中，安全依附的情侶通常也比較能設定健康的界線——當他們說不要，是真的不要，當他們說要，就是真的要。對我來說，這才是真摯知情同意的基礎。

研究也顯示，相較於不安全依附，在成人戀愛關係中，無論是對關係的滿意度、平衡度[12]、對伴侶的同理心、尊重和原諒程度[13]，以及對性生活的滿足程度，都跟安全依附的程度呈現正相關[14]。此外，戀人如果是彼此的安全堡壘，也比較能夠提升雙方的「性探索」（sexploration）程度，也就是一個人「多願意和戀人共同打造正面、支持且安全的性環境」[15]。如果讀者聽過我關於依附的演講，一定聽過我這麼說：安全依附現在可是性感的新代稱。

安全依附的人可能會做出下列陳述：

- 我很容易和別人建立情感聯繫。
- 我喜歡親近別人。
- 我認為依賴別人以及讓別人依賴是很自在的事情。
- 我不常擔心被拋棄，或者擔心別人跟我的距離太近。
- 當我感到憂鬱或沮喪時，我能夠自然地去找我的依附對象尋求安慰和支持。
- 我了解並接受伴侶的優點與缺點，並且以愛與尊重對待他們。
- 有衝突或歧見時，我能夠為自己的行為負責，能夠在需要時道歉、消弭彼此的誤解、採取能夠解決問題的策略，也能夠在需要時原諒對方。
- 我能夠適應從獨自一人變成與伴侶同處，也能夠適應從與伴侶同處變回獨自一人的轉變。

○當依附需求未獲滿足

到目前為止，我已經說明了兒童依附和成人依附的理想狀態——但現實往往沒有那麼理想，於是下列這三種不安全依附表現就出現了：逃避型、焦慮型、混亂型（disorganized）。一般而言，不管孩子最後發展出哪一種不安全依附，他們未來在關係技巧或個人能力上，都會遭遇困難。不安全依附的人，通常很難用健康的方式調節自己的情緒，他們可能會鈍化、壓抑或否認自己的情緒，他們也可能會激化、放大這些情緒，而且容易被情緒澈底占據。

我們主要是透過和依附對象的情感連結，來學習情緒的自我調節。如果我們的照顧者無法調節他們的情緒（無論是因為他們當下壓力太大，還是他們有尚未解決的創傷經驗），因而無法協助我們學習自我調節，我們就失去一個重要的發展經驗。獲得安撫與情緒調節的經驗，是一種極為根本的神經心理感受，缺乏這種感受的人，就只能自己學習這些高難度的發展挑戰。我們必須學會辨認、表達自己的情緒狀態，並且學會健康的應對方式，嘗試自我安撫，而不要逃避、自我封閉或任由情緒反應爆發。我們也必須學會如何健康地依賴他人，並且學會在何時尋求他人協助調節我們的情緒才適當。

曾有不安全依附感受的兒童，無論他們當時採取什麼回應方式，基本上都會內化這種信念：這個世界在某程度上是不安全的，沒有人真正能夠依靠誰。這些兒童也很難以相信關係對象具有恆常性。同前所述，這是一種能夠相信自己和別人的感情即便出現分離或衝突時，還是可以持續存在的能力；換言之，無法相信這點的成人，往往就很難度過失望、不確定、正常的爭吵，以及成人戀愛關係中難免出現的各種關係起伏。

研究也顯示，成年的不安全依附在關係滿意度方面普遍較低。[16]他們發現自己很難信任伴侶，也很難原諒對方，往往不小心就做出慣性回應，而無法按照自己的本意好好回應對方。他們在承諾這點上也面臨挑戰，有人會太早做出承諾，有人則是完全無法做出承諾。

關於依附類型的注意事項

在閱讀下一節關於三種不安全依附的描述前，請讀者牢記以下幾個重點：

- 產生依附傷害的理由非常多，而且我必須強調，依附斷裂並不總是依附對象的錯。依附理論不是要指責照顧者，很多可能導致依附斷裂的因素都是依附對象不可控制的，例如：生理或心理疾病、住院、意外事故、其他兒童或家庭成員的需求、死亡、貧窮、居住狀況不穩定、戰爭和其他社會因素。我將會在第三章中，深入分析潛在依附斷裂的不同層次。

- 依附類型**不是靜態的**！就算你的童年經歷屬於不安全依附，你仍然可以發展出健康的成人安全依附關係，也就是所謂**成人習得的安全依附**（earned secure attachment）。依附類型是你因應周遭環境而發展出來的適應生存策略，既然它們是學習得來的，自然可以透過學習去除。關於成人習得的安全依附，我將在第三部分進一步討論。
- 依附類型**不是僵固不變的**認同。不安全依附不是你建立人際連結的唯一型態，也不能代表你這個人的全部。我常會聽到人們在描述自己時會說「我**就是**個逃避派」或「我**就是**焦慮依附型」，完全透過此單一視角來看待自己。我們也可能會這樣看待我們的伴侶，幫他們或他們的作為貼標籤，認為都是因為他們「正在逃避」或者「太過焦慮」。
- 就敘事治療（narrative therapy）的角度來看，這其實是一種本質化的作法，也就是人們會將自己某一部分的身分認同或經驗，視為自我定義的全部。我認為這也彰顯了貼標籤的悖論。為自己貼標籤，甚至接受自己的診斷，有時可能很有幫助，因為它讓我們可以用更重要、清晰的框架，來定義我們的持續困擾，無論是人格類型、醫療狀態、精神病理診斷，還是星座命盤，發現自己屬於某個類型確實可能讓人感到耳目一新。我們可能會發現自己的經驗不再令人困惑，也可能發現原來不是只有自己如此，進而感覺到過往的經驗得到理解和說明，而且還能向他人分享。對於某些人來說，閱讀到特定依附類型，就像是重新把自己的整個人生跟感情歷史放回脈絡之中，足以將他們從自認有殘缺、無可救藥、永遠不可能擁有成功關係的念頭中解放出來。他們現在可以將自己視為一個理智採取特定依附策略的人，他們因此能夠得到自主感，相信自己未來有能力改變策略，並選擇一條更安全的道路前進。

- 不過，貼標籤或接受診斷，也可能讓我們被這個僵化的類型侷限，進而限制了我們對自己的感受，或讓我們看不見完整的自己。貼標籤很容易讓我們陷入這種心態：我就是如此，而且我未來也會繼續如此。我們不再把自己視為是要和焦慮對抗的人，而是將自己視為焦慮本身；我們也不再把自己視為是要和憂鬱對抗的人，而是將自己視為憂鬱本身。因此，在閱讀依附類型的資訊時，請務必仔細辨認哪些東西有幫助，而且請勿僵化地看待自己或他人。我們的存在意義，絕對遠大於我們所面對的困擾。

- 你可能會覺得自己的依附類型不只一種。有人可能在其中兩種、三種，甚至在四種類型中都能看到自己的影子。你可能多數時候都偏向安全依附，但在壓力狀況下會展現其中一種不安全依附；你也可能會和不同的人互動時，出現不同的依附表現。例如，許多人對父親和母親的依附表現就有所不同，我們可能只與其中一人有安全依附，與另一人則不然。伴侶的依附類型也會影響我們的表現。和排斥依附型的伴侶交往，可能會讓我們做出比較焦慮或終日心神占據的依附行為；和焦慮型的伴侶交往，則可能讓我們變得更為排斥依附。我們的依附類型可能會因人、因關係而異，但在和同一個人的關係之中，也可能發生變化。
- 最後，你的依附類型不是濫用的藉口。我曾聽說，有人會用依附類型當成藉口，將自己不擅長的事情，甚至傷人的行徑，全都歸咎於自己擁有某種依附類型的「事實」之上。請不要這麼做。如果你會傷害自己、伴侶或你所接觸的任何人，請好好正視你的創傷經驗與傷痛，並且尋求專業的協助。只要能夠有適當的支持力量，就絕對可以打破暴力、虐待或忽視的循環。

○不安全依附類型

在本節中，我將先沿用其他作者常用的分類，來介紹這三種不安全依附類型。不過，已經有一些研究者與理論家不再使用傳統的四種依附分類，轉而主張依附應該是同時在「焦慮依附」和「逃避依附」這兩個面向上運作。這種二重面向的觀點，可以更精準地理解安全依附和不安全依附的不同表達方式。我將在介紹完三種不安全依附類型後說明。

逃避／排斥的依附類型

童年階段的逃避依附

一九七八年，心理學家瑪麗・安斯沃斯在她所設計的「陌生情境程序」（Strange Situation Procedure）中，首次在兒童身上觀察到逃避與焦慮依附。[17] 這些實驗會在一間擺滿玩具的房間中進行，觀察嬰幼兒和他們的主要依附對象（通常是母親）的互動。每個孩子都會先跟照顧者在玩具房裡獨處，接著照顧者會離開幾分鐘，讓孩子跟一名陌生人單獨相處。實驗主要想看的是，孩子探索玩具房的程度、孩子與陌生人獨處時的焦慮程度，以及孩子在跟照顧者首次分離、而後團聚時所做出的反應。而孩子對分離和團聚的反應，即是判斷安全和不安全依附的主要方式。

照顧者在場時，安全依附的孩子可以自在地探索玩具房，也可以自在地跟陌生人互動，當照顧者離開房間時，他們會出現健康的依附不適表現，但只要照顧者回到身邊，就會放鬆並回到自在狀態。被歸類為逃避依附的孩子，則是起初和照顧者保持距離，分離時不太展現或者沒有展現任何的不適感，在團聚時對照顧者沒什麼興趣，甚至看不出來他們偏好和照顧者相處勝過和陌生人。這些孩子比較不會探索玩具房，往往更喜歡自己玩。有趣的是，這些身體上與情感上都和照顧者保持距離的孩子，雖然舉止乍看之下不受影響，其內在狀態卻不是如此。這些孩子表面上看起來「沒事」，他們卻出現心率升高和生理壓力等內在跡象。

如果照顧者多數時候屬於不可得、忽略，或者缺席的狀態，孩子就會用比較逃避的方式，來適應這樣的依附環境。冷漠、疏遠、挑剔或太過重視表現或外表的教養方式，會讓孩子發現：最好還是靠自己就好。當孩子的依附需求無法獲得足夠的正面回應，或者因為有需求而被直接拒斥或批評時，他們就會採取自我封閉與鈍化的方式，來處理自身的依附欲望。這種情境會讓孩子了解到，為了生存，他們需要抑制自己想要接近或尋求保護的依附要求，免得後續因為被忽視、拒絕而感到更痛苦、更困惑。在這種情況下，孩子通常學會靠情緒麵包屑（emotional crumbs）維生，並且假設：能讓照顧者滿足需求的最佳策略，就是假裝自己沒有任何需求。在成人階段，鈍化的依附系統會讓人降低自己對關心、注意力的要求，也會降低人對於他人依附需求的注意能力。

可能導致孩子採取逃避依附策略的因素：[18]

- 獨處時間過長，或與照顧者面對面時間不足，感到孤單。
- 照顧者在身體上或情感上的缺席。
- 過於重視任務導向的存在感。也就是說，照顧者只有在試圖教育或教導孩子一些實用、學業或技能相關的事情時，才會出場。
- 身體接觸太少，也就是黛安．普爾．海勒所述的「肌膚飢餓」（skin hunger）。
- 情緒忽略，照顧者無法有效判讀孩子給予的情緒信號，或者是給予的情緒養分不足、缺乏。照顧者可能反應遲鈍，也可能對孩子的情緒狀態和需求完全沒反應。
- 表達失調，意指人們的臉部表情或口語表達跟他們的實際情緒不一致。有些人憤怒時會大笑，或在沮喪時微笑，而這些都可能會讓孩子（或任何人）感到困惑。由於兒童會透過身邊成人作榜樣，學習辨認與表達自己的情緒狀態，因此表達失調的照顧者，會讓孩子很難發展出理解他人感受的能力，無法運用得體、真摯的方式表達自我情緒。

- 由於疾病或其他因素，干擾了親子發展依附紐帶的可能性，使得孩子和照顧者的互動中斷（詳可參第三章的嵌套依附模型）。
- 照顧者拒絕孩子、拒絕挑起養育責任。這種拒絕可能是持續性、幽微的，但也可能是直截了當的拋棄。
- 照顧者太嚴格、控制欲太強。
- 照顧者並無惡意，但因為孩子與他們太不相同，以至於他們無法以情緒同步的方式理解孩子，或和孩子培養情感。

成人階段的排斥依附

逃避依附進到成人階段後，會被稱為排斥依附。排斥依附傾向和其他人保持一定距離，常常他們會以自己不需要任何人為傲，明顯採取只靠自己的態度，非常重視自己的獨立性格，且經常會認為別人過於軟弱、太過黏人、過度依賴他人。儘管排斥依附型看起來自信十足，但他們實際上經常會把自己不想要的特質投射到他人身上，並透過自我膨脹，來掩飾自己相對負面的自我形象。具有這種依附類型的人所自陳的關係滿意度、信任度、承諾程度通常都較低，[19] 對性通常抱持較多負面看法，結婚後的性生活滿意度也較低。[20]

排斥依附的人在童年時期，因為很少從主要照顧者那裡獲得滿足，所以就學會降低自己對他人的需求度日。如果有人是在情感營養有限或甚至完全缺乏的家庭中成長，他們自然容易淡化人際關係的價值和重要性，也自然會覺得要對他人敞開心扉、展現脆弱性是件困難的事。他們的痛苦情緒或經驗往往會被推到其情緒意識的偵測範圍之外，以避免真的感受到痛苦。而這將使得他們的感受與需求脫節。

由於長期生活在跟自己、他人與世界的脫節狀態下，儘管他們有時也渴望親密感，但卻因為完全不知道如何跨越自己與他人之間的巨大鴻溝，進而錯過接受伴侶支持或者照顧所愛之人的機會。

這種依附類型的人確實想要感情關係。他們會願意走進感情，甚至是長期關係，但他們可能會在自我反思內在經驗，或者敏銳回應伴侶信號等面向上，遇到巨大的挑戰。他們通常會發現自己難以忍受親密感、衝突，或者任何其他形式的強烈情緒。當這種依附類型的人感到脆弱，或察覺到伴侶的脆弱時，他們會馬上跟自己拉開距離，預防自己感到不適。當他人出現可能拒絕或批評的跡象時，他們也會馬上退後。

排斥依附的人通常非常線性與邏輯思考，而且在實務領域或專業領域上，會展現出多形態的優點與能力。這種邏輯性大腦的過度發展狀況，也可能會對特定的自我記憶帶來一些挑戰——排斥依附的人通常沒有太多童年記憶，對於他們的照顧者和童年，也往往只會有非常簡化的描述，例如「還好」。[21]

在我的諮商實務經驗中，排斥依附的人通常一開始對於照顧者或當下戀情的描述，都是很棒、甚至相當理想云云，但只要問他們幾個比較深入的問題，探究他們真正的童年經驗或目前的關係模式，很快就能發現，實際上事情並非真的完美。會發生這種狀況，是因為他們擁有鈍化的依附系統，而這讓他們難以靠近，也難以持續地跟自己的真實感受保持聯繫。對許多人來說，觸碰和承認自己的真實感受，可能會被視為對當下關係或原生家庭現況的威脅。

這種鈍化和疏遠的適應作法，部分跟當下生活經驗的斷裂有關。排斥型的人如果要開始調整自己的不安全依附，勢必得從不再逃避和疏遠自己開始。這代表他們不能再否認自己的欲望和需求，讓過往長期被禁絕的連結渴望與嚮往得以出現。當排斥依附的人開始讓他們的依附系統重新連線，過程一開始可能會非常敏感、赤裸，甚至令人有些難以喘息。可以辨認自己感受的能力是發展過程的一部分，而這個過程需要時間。允許情緒出現、學習自我撫慰，並逐步讓內心相信，經歷情緒是件安全的事情——這整個過程不能操之過急。

對於排斥依附的人來說，從不安全依附走向安全依附的旅程，就是要回到自己身上，藉由重新把感受和情緒帶回生命中的過程，學習與自己相處。只要能夠做到這點，就可以開始試著靠近他人、揭露內心世界，並且透過尋求協助與照顧，逐漸拆解那個「自力更生」的外殼。

排斥依附的人可能會做出下列陳述：

- 我的自主性、獨立性、自給自足對我來說非常重要。
- 沒有親密關係，我通常也感到很自在，只有我一人也過得很好。
- 我想要有感情關係，也希望得到親密感，但我對親密感的忍受有其極限，我需要自己的空間。
- 我不喜歡分享我的感受，也不喜歡向伴侶表達我內心深處的感受。
- 我經常不知道自己的感受或需求為何，且我可能會遺漏別人的情緒或需求暗示。
- 我對於要依賴伴侶或讓伴侶依賴我，感到不適。
- 我很難做出關係上的承諾，就算我做出承諾，我也可能會偷偷向後退一步（或至少打開後門）。

- 我對於伴侶嘗試用任何方式控制我或干涉我的自由非常敏感（而且我很討厭「敏感」這個詞）。
- 我認為自己或別人有需求，或者想要有所慰藉、獲得幫助或安心感，是軟弱的事情。
- 在爭執或衝突中，我傾向主動退出、自我封閉、拒絕溝通，或築起高牆。
- 我很能夠適應從交往關係恢復單身的過程，不過一旦單身太久，我可能會需要很久才能重新適應別人，從單身再次回到交往狀態對我可能調適不易。

焦慮型依附

童年階段的焦慮依附

在安斯沃斯的陌生人情境實驗中，即使照顧者在場，被歸類為焦慮依附的孩子也不太願意去探索玩具房。甚至在照顧者離開房間之前，他們就已經出現不適與黏人的跡象，在和照顧者團聚時，他們往往也很難安頓下來。與採取鈍化依附系統的逃避型相比，這些孩子反而會激化他們的依附系統。依附系統的激化將會大幅增加孩子對於照顧者的渴望、放大依附要求，以吸引照顧者的注意力。

很愛孩子但表現不一致的照顧者，容易促使孩子採取焦慮型的依附策略。如果照顧者一下在場可得、情緒一致、反應靈敏，但一下卻又不可得、情緒失調，甚至帶有侵入性，就會讓孩子充滿困惑與不確定感，開始無法判斷針對同樣的行為，照顧者到底是會安撫他們、忽視他們、獎勵他們，還是會懲罰他們。對於試圖和照顧者建立穩定聯繫的孩子來說，這種不可預測的特質極具破壞性，為了因應，孩子發現可以提高音量、展現需求，來激化依附系統，這樣就可能獲得他們所需要的關注。此時，孩子就可能會開始依賴激化策略，而且因為擔心一旦讓依附系統安頓下來，需求就會永遠得不到滿足，結果導致依附系統的慢性激化，並且會過度誇大潛在的拋棄威脅——有時確實有威脅，但有時威脅可能根本不存在。[22]

可能導致孩子採取焦慮不安全依附策略的因素：[23]

- 照顧者無法一致地協助孩子調節情緒，這會讓孩子無法自行調節情緒，而必須依賴他人，並一次又一次地向外求助，以理解自己的內心感受。
- 讓孩子過度涉入照顧者的心理狀態，也就是說，在親子互動中，父母的情緒或心理狀態變得比孩子更重要。在這種情況下，孩子可能會被要求（無論是明確或隱晦的）負責去滿足照顧者的需求，讓照顧者感覺比較好，或者要為照顧者提供意義與目的。這通常跟照顧者本身的焦慮程度、壓力、未解決的創傷經驗，或跟他們過往的焦慮依附有關。當照顧者的心理狀態成為親子互動的核心時，孩子就會不斷地偵測和關心照顧者的幸福感受，進而促成角色上的轉換，使得孩子在關係中的表現，反而更像是照顧者。而作為孩子，要為照顧者的幸福感負責，是一種錯置、令人困惑，且令人喘不過氣的龐大責任。

- 過量刺激。我們生活在一個刺激性不斷提高的世界，愈來愈難在人際、科技、告示牌、廣告等互動之間找到空間，讓我們的身心好好休息。人類的神經系統需要從這類刺激中休息才可能正常發展，而如果照顧者不斷強迫接觸、要孩子注意或參與超越其發展階段的事情、在旁干擾孩子、在孩子平靜獨自玩耍或與他人相處時強行打斷，甚至是做一些孩子當下不想要的搔癢或其他示好行為，刺激他們的身體界線等等，全都可能會妨礙這個休息的過程。
- 不鼓勵孩子的自主性。有些照顧者對孩子所做的評論或建議，會影射或明示孩子在某些面向上是無能、有限或能力不足的，而這些將會阻礙孩子發展能動性和自主性。即使照顧者並沒有惡意，他們也可能會以羞辱而非鼓勵的方式質疑孩子的行為和決定。自身也有焦慮困擾的照顧者，在孩子想要向外探索時比較難以忍受，因此會運用可能傷害孩子興趣或能力的方法，藉此阻攔或者過度保護孩子。

成人階段的焦慮依附

兒童焦慮依附（anxious attachment style）進入到成人階段後，會被稱為成人焦慮依附（preoccupied attachment style，又譯心神占據依附）*。這種類型的人對於關係中的親密程度，會展現出非常強烈的關切與焦慮。成人焦慮依附的判斷因素，就是他們的激化依附策略不但會放大他們的依附需求，也會強化他們對於伴侶的關注，結果他們就會不斷地偵測伴侶對自己有多麼可得、多有興趣、反應程度為何。成人焦慮依附型的另一半，可能會覺得這種反覆確認關係中的失敗或錯誤，是想要控制他們的行徑，不過，與其說這種行為是企圖控制伴侶，倒不如說是一種症狀，因為他們的依附系統過於敏感，任何蛛絲馬跡都不願放過。從他們的角度來看，他們並不是要控制伴侶；他們只是想要緊緊抓住一段他們擔心即將失去的關係。

過度關心另一半，使得焦慮依附型的人很容易為了要維護和保持與另一半的連結感，

* 編注：指心思整日被兩人關係占據，一般中譯會直接譯為「焦慮依附」，此處為與兒童期區隔，加上「成人」二字，後文視情況省略。

過度經營與過度配合整段關係，從而出現自我斷裂、失去自我的狀況。由於頻繁陷於被拋棄的恐懼，焦慮依附型的人很容易就會放棄自己的需求或感受，屈服於伴侶的需求或認同，以確保雙方的親近性和關係的安全性。由於他們過往經歷的是不可預料、反覆無常的愛，他們通常很難信任自己的伴侶是真心愛自己。他們可能很容易陷入自我批評和自我懷疑的循環之中，懷疑自己是否真的值得伴侶的愛。儘管他們如此需要被愛，但當對方真的給予時，他們通常也很難坦然地接受。這種依附類型的人很容易一頭栽進一段關係，或者很快就跟人建立情感。他們常常會理想化伴侶，混淆自己的焦慮感與想談戀愛的強烈需求，他們常常只看他們想看的、只聽他們想聽的資訊，卻忽略了其他潛在的警訊。蜜月期過了之後，他們可能不會願意用足夠的時間了解對方，以評估對方或這段關係是否真的適合自己。

焦慮依附型的人對於獨處可能會不適，甚至會感到恐懼。他們會避免彼此分離、獨立行事的情境，希望強化自己對伴侶的依賴程度（或者會促使伴侶強化對自己的依賴程度）。他們也會出現強迫性的照顧行為，避免自己因為覺得孤單而感到不適，並且強化自己不會被拋棄的安全感。雖然這種依附類型的人，傾向為關係犧牲自己，不過他們這種費盡心思、不分由說的照顧行為，卻未必跟對方的情緒同步。在這種狀況下，照顧行為更像是一種讓人維持親密的策略，而不是對於伴侶實際需求的真正回應。一旦察覺到伴侶有任何一絲降低連結感或興趣的可能性，他們就可能變得要求很多、占有欲強，或者非常需要伴侶的肯定、保證、接觸，也可能要求更高強度的情感或性行為。

焦慮依附型的另一半可能會覺得對方的需求永遠無法滿足，他們也可能會覺得自己永遠都做得不夠，而這將使得雙方漸行漸遠，甚至分手收場——然而這正是焦慮依附型的人最恐懼、最想避免的局面。根據調查，與偏向安全依附的人相比，焦慮依附型更容易吃醋、關係衝突較多，[24]對於性生活的矛盾感受也較高，因為他們較少使用一致的避孕措施，也較可能從事他們並不真正想要的性行為。[25]

與排斥依附型類似，焦慮依附型的人也不太能夠辨識、描述自己的情緒。一開始，你可能會覺得這有點違反直覺，因為如果和鮮少接觸自己情緒的排斥型相比，焦慮依附型的人通常更關心情緒、更常自我揭露，而且他們的情緒感受和表達也明顯更多。但只要再仔細觀察，就會發現這其實相當合理。焦慮依附型的人雖然更能意識到自己和伴侶的情緒感受，但他們仍然難以分辨與溝通這些情緒，也很難用健康的方式管理自己的反應。此外，雖然能夠清楚意識到伴侶的情緒變化，他們卻未必能夠準確地讀懂這些感受。這種依附類型的人可能可以相當精準地偵測到伴侶在情緒或狀態上的絲毫變化，但他們很常假設對方的這些情緒變化都跟自己有關，而且假設這些變化全是負面的——而這兩種假設很可能都錯。

本書第三部分將會詳細說明，我們能如何治癒這些不同的依附類型、自我安撫的重要性，以及如何運用HEARTS的方法強化安全感、治癒你自己的依附挑戰。現在，我們只需要知道一點：屬於焦慮依附型的人，請把焦點放回到自己身上。我很常請我的個案確認，你的自我在哪裡？是在自己身上，還是在別人身上？如果是後者，請專心地呼喚自己，把自己帶回來，以建立我們的內在權威感和自我信任感。

焦慮依附型的人可能會做出下列陳述：

- 我對於緊密連結感到自在，而且對之通常比我的伴侶更為渴望。
- 我很能夠和他人的情緒同步與調和，也很能察覺到人們情緒或精神狀態上的細微變化。
- 我經常擔心被拋棄、被拒絕，或不被重視。
- 我通常會過度關切我的伴侶，忽略自己。
- 當我心情不好時，我通常會尋求他人的協助，以釐清我自己的經歷，或者讓自己感覺好一點。

- 我會需要反覆確認伴侶真的愛我、渴望和我在一起；不過，當伴侶真的向我保證愛意或展現對我的渴望時，我又會覺得哪裡不對勁，或者覺得難以接受與相信。
- 我對於感情關係投注很多心力，而且很快就會建立依附感。
- 當我需要伴侶，他們卻不在身邊，我會感到沮喪或受傷。
- 如果伴侶在沒有我的狀況下，自己去做別的事情，我會感到怨恨或認為伴侶針對我。
- 我很能適應從單身變成有伴侶的過程；但我不太能夠適應從有伴侶的狀態變回單身。
- 我的怨恨感通常會持續很久，也很難放下過去的傷痛。

混亂／恐懼逃避的依附類型

童年時期的混亂依附

最後這一種不安全依附，起初並未在瑪莉・安斯沃斯的研究中被歸類出來，是後來才被研究者瑪莉・緬因與茱蒂絲・索羅門命名。[26] 在安斯沃斯的陌生情境實驗中，她觀察到有部分孩子無法被適當歸類，有些孩子所展現的行為令人困惑，甚至有些混亂無章，例如，他們會先跑向照顧者又馬上跑遠、呆住、無緣無故地打照顧者、在地上滾來滾去或者撲倒到地上等等。緬因與索羅門後來重新評估了這些觀察結果，並增加了混亂型依附（disorganized attachment）作為第四種分類，拓展我們對於依附類型的理解。

混亂依附型的孩子所擁有的依附系統，似乎是同時被激化、同時被鈍化。他們不像安全型、焦慮型或逃避型的孩子那樣，會採納一致、有組織的依附策略；相反地，他們好像不太能夠連貫且有組織性地採取特定的策略，經常在焦慮和逃避這兩種不安全依附之間搖擺。

混亂依附類型最常出於過往的創傷，比較容易出現在孩子認為其依附對象很可怕、具威脅性或危險性的狀況下。感到恐懼時，我們的依附系統就會啟動，希望能靠近我們的依附對象、尋求安慰，但如果我們的依附對象就是那個帶來威脅的人，會發生什麼事情？這將置孩子於一個矛盾的處境，本來應該要能提供慰藉、解決他們恐懼的照顧者，實際上卻是他們恐懼的根源。黛安・普爾・海勒將這種矛盾感受稱為「一腳踩油門，一腳踩煞車」。這些孩子的依附系統雖然想要向依附對象移動，但其保護性防衛機制卻可能同時被啟動，採取逃跑／戰鬥／僵住／安撫（flight / flight / freeze / appease）的策略，以遠離依附對象。

會產生這種童年依附類型的主因在於，照顧者也受到自己未解決的創傷或失去所困。當照顧者自身帶有尚未解決的創傷史時，他們就更容易被生活需求吞噬，並被孩子的情緒狀態淹沒。由於無法調節自己的情緒，曾有創傷、遭到忽視或虐待過往的照顧者，可能會失控、暴怒，或者會澈底不理會孩子，而這些都會讓孩子感到極為恐懼。無論照顧者是過度反應，還是令人恐懼地毫無反應，孩子都會知道，跟這個應該保護自己的人待在一起是不安全的。研究顯示，平均而言，大約有二〇％到四〇％的人具有某種程度的混亂依附，而大約有八〇％曾遭受虐待的兒童對雙親或其中一方，都發展出混亂依附。

其他可能導致混亂依附的因素：[27]

- 照顧者的情緒陰晴不定。如果照顧者的情緒、行為或精神狀態出現劇烈、不可預測的波動，可能會讓孩子感到極度困惑，無法確定自己究竟該靠近還是該後退。我的一名個案曾經提到，她情緒不穩的繼母是如何嚴重影響她的神經系統，數十年後依然揮之不去。全家共度節日時，她的繼母可能前一分鐘還對她寵愛有加，送她禮物、讚美她，但幾分鐘之後就瞬間暴怒，對她破口大罵，並出言侮辱她不夠專心照顧她的繼弟。這位個案回憶，繼母的情緒突然爆炸時，她並不是唯一一個愣住的人；在場的所有大人都是如此——包括她的父親。他們全都呆住，不太確定該如何處理這種情況。但這也讓她更感到自己被身邊所有的大人拋棄了——在這種關鍵時刻，他們本來可以有所回應、可以保護她，試圖緩解與介入的。

- 照顧者的溝通內容自我矛盾。無論是間接暗示或直接表達，先要孩子靠近，卻自己走開；先讓他們感到被愛，卻又表現得他們不值得被愛；或者說他們應該成功，卻又認為他們很失敗，這些舉止都會讓孩子感到極度困擾。同樣地，不切實際的期待、進退兩難的窘境、因未曾被禁止也未曾被教導的事情而遭到懲罰或羞辱、被要求解決無法解決的問題，或者被期待完成超出他們發展能力的任務，都可能讓孩子感到相當迷惑，因為不知如何是好，無所適從。他們照做會被罵；不照做也會被責備。
- 充滿紛擾混亂的家庭。舉凡是疾病、經濟壓力、工作不穩定、照顧者遭關押或有藥物成癮，甚至是過度重視成就的教養文化，孩子無時無刻都忙著參加課外活動——這些因素都可能帶來紛擾不堪的混亂家庭。當我們的家跟我們所依賴的人不穩定、難以預料，甚至反覆無常，我們就很難感到安定或有安全感。當照顧者不斷地把孩子推去參與各種充實的活動，儘管是為了孩子好，但卻可能會讓孩子感到很不安定，因為他們缺乏休息、修復時間、自由遊戲的時間，難以透過這些時間安頓、舒緩其神經系統。在這種狀況下，儘管依附對象沒有直接地虐待他們的孩子，但這樣的環境，以及照顧者的某些行徑，卻還是會為孩子帶來恐懼和混亂感，並破壞他們產生安全感的能力。

- 孩子本身可能是「高敏感族群」(Highly Sensitive Person, HSP),或者健康狀況不佳。雖然混亂依附通常與父母的虐待和忽視有關,但也並非總是如此。當孩子擁有特定的特徵或經歷,也可能會帶來混亂的體驗。約有一五%到二〇%的人口神經系統特別敏感。相較於其他人,高敏感族群更能感受到周遭環境的細微變化,也更能夠深入地處理這些資訊。[28] 儘管對周遭環境更為敏感可能是一種生存優勢,但也可能非常令人難以喘息。如果會一直意識到周遭環境和身邊人群的微妙變化,可能很快就會感官超載。認為自己屬於高敏感族群的個案常向我提到,他們經歷過某些混亂型依附,因為這個世界本身就令人難以承受。由於敏感性較高,就連日常的生活事件也可能讓他們過度緊張、過度混亂,或者過度刺激,因而也很難有餘裕來產生安頓、安全、安穩的感受。在感情關係中,高敏感族群通常不太難確定他們的感受到底是源於自己,還是來自伴侶,使其神經系統產生「一腳踩油門,一腳踩煞車」的感受。他們雖然想和人親近,親近本身對他們來說卻可能是一種感官攻擊,使他們感到困惑,或者讓他們停機幾天。

與此相似地,我注意到患有特定疾病的人也具有混亂依附的困擾,但這跟他們的照顧者經歷無關,而是因為他們所身處的世界與他們的身體所致。想像一下,當你吃下某種食物，儘管對大多數人都平淡無害，但卻會讓你身心耗弱個幾天。或者想像一下，當你被邀請到朋友家裡慶生，雖是慶祝場合，但對你來說卻非常可怕，因為你不知道自己會不會碰到任何可能引發神經系統症狀的黴菌，並且干擾你思考、走路或說話的能力。或者再想像一下，如果有人對化學物質極度敏感，不能隨便跳上計程車、住旅館，甚至是走進雜貨店，否則就會因為嗅覺衝擊而幾天人都無法正常運作，那會是什麼感覺。在這些狀況下，世界本身就不安全，我們的身體在這個世界中，也不安全。當免疫系統發揮作用時，有些人就會陷入一種矛盾局面，本來應該要保護他們的免疫系統，實際上卻帶給他們傷害，而乘載生命的身體本身，正是會帶走其生命力的原因。

成人階段的恐懼逃避依附

在成人階段，混亂型依附會被稱為是**恐懼逃避型依附**（fearful-avoidant attachment）。具有這種依附類型的人，跟伴侶太近或太遠，都會感受到衝突性的恐懼。具有這種不安全依附類型的人，同時會帶有排斥型和焦慮型的特徵——他們會非常渴望親密感與連結感，但由於過往會經遭到他們所愛或依賴的人傷害，他們對於依賴他人往往感到不適，甚至會害怕說出自己的感受與需求，認為那將會使事情變得更糟，進退兩難。他們可能會要求伴侶關心他們，但在連結感出現時卻會退縮；或者，在更極端的案例中，他們可能會要求獲得伴侶的關心與愛，然後在真正獲得的時候，出言攻擊或批評。這種依附類型的人很容易被自己的感受淹沒，或者受到我稱為「情緒爆炸」(emotional flare-ups)的影響，全然被強烈的情緒占據、失去正常運作功能，而且有時候還會拖著旁人下水。

他們過往所受的創傷歷史，使其自我意識和對他人的意識受到損害。當創傷發生的時候，人與自己的根本關係就會出現斷裂。唯有這種與自我斷裂的內在需要被復原，人才可能繼續信任和重視自己，並再次開始信任他人。如果沒進入這種治療過程，恐懼逃避型依附者往往會覺得自己是破碎且不值得的存在，也會開始認為其他人都不值得信任，最後只會傷害自己。在更極端的案例中，這種依附類型與關係混亂、失望、毒性、自我毀滅行為、關係濫用、精神疾病、成癮都有高度的相關性。

針對這種依附類型，黛安・普爾・海勒區分出兩種重要的次類型。首先，在表現上，這兩種類型不是較偏向排斥、退縮，就是較偏向焦慮、黏人與索求無度。海勒指這兩種變形更為「混亂排斥」或「混亂焦慮」。在我的實務經驗，我則區分出「內在恐懼逃避」和「外在恐懼逃避」這兩種類型。我們發現，就內在恐懼逃避的類型而言，當面臨壓力與威脅，此類型會被刺激，進入更強烈的焦慮狀態，內在也會出現混亂的經歷，一方面雖然想要建立連結、更為接近某人，另一方面卻又會感受一股內在拉力，認為連結感是不安全的。然而，不管是對自己或對他人，這種類型的人都不會用具破壞性的方式展現出這種內在動態。這種經歷對於內在的破壞性，遠比對外在的更大。

另外一種類型，則是以比較外顯性、反應性的方式，來展現這種在關係中一腳踩油門、一腳踩煞車的狀態。他們會以令人困惑、充滿矛盾或傷人的方式，對外作出反應。內在與外在恐懼逃避之間的差異，可能是同一種依附類型，只是嚴重程度不同，也可能是在療癒過程中的兩種不同階段。如果恐懼逃避依附者持續治癒自我，並逐漸走往安全依附時，一開始他們可能不會發展出太多的外在反應，儘管內在確實經歷許多「推／拉」的拉扯。這個解決創傷的過程，或許可以讓他們選擇當下要如何對外反應與展現。

海勒提出的第二個重要差異是，我們可能擁有「長期性」的混亂型依附，作為我們的主要依附類型，但我們更常是擁有「情境性」的混亂型依附。在情境性的類型中，人們可能平常屬於安全型、排斥型、焦慮型，但在特定情境或處於特定因素影響下，會受刺激成為暫時性的混亂型依附狀態。一旦壓力來源或情境獲得解決，他們就會回到平時屬於主導地位的依附類型。

由於恐懼逃避型會同時經歷「依附焦慮」和「依附逃避」，請確認前述關於排斥型與焦慮型的描述，跟你的經歷比較類似。恐懼逃避依附的人可能會做出下列陳述：

- 即使伴侶的行為是提供安全感且值得信賴的，我對於這段關係還是沒安全感，或者無法全然信任。
- 我常被看似不知從何而來的事情刺激。
- 我真心希望擁有親密感與親近感，但隨著與伴侶的親密感持續增加，我的恐懼感就會持續爆發。
- 發生衝突時，我可能會在喘不過氣或咄咄逼人，以及排斥退卻與麻木之間來回搖擺。
- 我會在不同類型的混亂或僵化之間搖擺不定。
- 面臨情緒困擾時，我曾經對我自己或我的伴侶做出有害的舉止。
- 我經常預期會有最糟的狀況發生在關係之中，即使一切的進展都非常順利。
- 我對於可能出現的問題，以及伴侶終究會澈底傷害我而難以修復的事情，具有非常詳盡的負面幻想。
- 處於感情關係之中，會讓我變得功能失調、自我分離或困惑。
- 有時候我雖然外表看似好整以暇，但內心世界卻正經歷一場大海嘯。

照顧者互動	童年依附類型	成人依附類型
• 提供保護 • 情感上可得 • 反應迅速 • 情緒協調	安全	安全型 50–60%
• 不可得 • 沒有反應 • 反應遲鈍或情緒失調 • 拒絕	不安全： 逃避	排斥型 20–30%
• 反應、可得或情緒協調的狀況很不一致 • 具侵入性 • 當孩子需要關注或喜愛時會行為失控	不安全： 焦慮	焦慮型 15–20%
• 令人害怕 • 具威脅性 • 感到害怕 • 迷失方向 • 警覺性高	不安全： 混亂	恐懼逃避型 20–40%

表1.1｜照顧者互動類型所造成的兒童時期依附類型，以及其成人後的不安全依附類型。圖上標注了每種類型的比例。這些比例的總和不等於百分之百，因為它們呈現的是整體性的範圍，而且每份研究報告的比例值會略有差異（恐懼逃避一開始可能會被歸類到其他的不安全依附類型）。不同依附類型之間未發現性別差異。

- 我時常感受到相互衝突的內在驅力，既想要與他人親近、分享自我，又擔心親密感或脆弱性會帶來危險，或者導致關係結束。

綜論依附理論，可以發現一個重點：可以和真正關心我們的人建立安全依附，是非常重要的。這是我們首要的生存策略，因為如果沒有其他人的關愛和注意，我們就會死去，所以作為人類基本需求的情緒同步與情感連結，就會希望能將彼此綁在一起、持續終生。根據我們所出生的環境、情境，以及照顧者能滿足我們依附需求的程度高低（有些條件是照顧者可以決定的，有些則否），我們有時候可能發展出安全依附，可以安全地和照顧者共同探索外部世界，但有時候卻可能會發展出不安全的依附類型。後者的可能表現，包括過度自持，乃至逃避、退縮，也包括過度的向外索求，要抓住、獲取他人，同時也包括在這兩者之間搖擺不定的類型。這些不安全依附類型是我們的次要生存策略，奠基於我們的兒時經歷，而且會持續影響我們在成人戀愛關係中出現的依附類型和紐帶。我希望能邀請你，重新思考自己過往的個人依附歷史、面對不同依附對象時發展出的依附類型為何，以及這些經驗如何影響你在成人戀愛關係中表現出的依附行為。

CHAPTER

2

依附的不同向度
The Different Dimensions of Attachment

多數依附理論的研究，都是立基於下列四種依附分類：安全型、焦慮型、排斥型、恐懼逃避型。然而，近期有些研究者建議，運用焦慮和逃避這兩個向度，檢視二者之間的交互作用，較能妥適描繪依附的概念。[29]研究者以這兩個向度作為十字軸線，畫出四個象限。雖然這個模型分出相同的四種基本依附型，卻能從與兩軸線的距離落點看出更為細緻的東西；例如，同屬焦慮依附的人，彼此間還是有細微差異。這個模型也有助於展現不同類型之間的共同點；例如，恐懼型和排斥型的情緒逃避度都較高。這個模型也讓我們更能理解，當自己的情緒狀態不對勁時，我們能如何做出微調。

焦慮依附度愈高，對於遭受拒絕、忽視、遺棄，或和依附對象分離的恐懼也會愈高。焦慮依附度低，遇到這類事情就不會那麼恐懼或心神不寧。逃避依附跟一個人對於與伴侶的靠近、親密或依賴關係是否自在有關。更正面地來說，低逃避依附的人對於和伴侶建立親近、親密以及依賴關係會比較自在，也比較願意主動接觸伴侶或和伴侶互動。

四種不同依附類型與人們在這兩個向度上的落點有關。

- 焦慮和逃避程度都低的人，會落在安全依附的象限。
- 低逃避，高焦慮度的人，屬於焦慮依附。
- 低焦慮，高逃避度的人，屬於排斥依附。
- 焦慮和逃避程度都高的人，則屬於恐懼逃避依附。

這些向度也會彼此影響；例如，安全型和焦慮型的逃避依附程度都較低，但二者焦慮依附程度的不同，就會影響一個人展現依附的方式。焦慮依附程度較低的人接近伴侶的方式比較安全，會帶有開放性、彈性和互相依賴的感覺；但焦慮

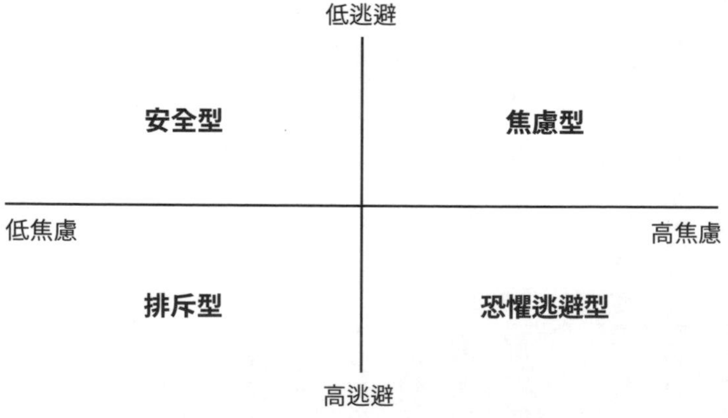

圖 2.1｜依照焦慮依附和逃避依附兩個向度所展現出的依附類型

程度較高的人在接近伴侶時，則比較可能是為了掌握或控制對方，或只是為了要減輕自身的恐懼和焦慮感。

反過來說，根據每個人在焦慮依附向度上的落點，同屬高逃避依附的人，其內在經歷也可能非常不同。高逃避依附但低焦慮依附的人，在跟伴侶距離愈遠時，經歷的內在衝突可能就愈小——他甚至可能不會意識到自己的逃避程度有多高。同樣是高逃避依附的人，如果焦慮依附比較高，就可能會感受到巨大的內在衝突與痛苦。逃避行為未必感覺是一種安全庇護，反而更像是一種僵住的反應。這樣的人會同時感受到兩件事情：雖然渴望接近伴侶，卻又害怕這種親密關係可能帶來的東西。

我也認為，低焦慮依附者的體驗可能會根據其在逃避依附向度的落點，而有很大的差異。例如，雖然安全型和排斥型都被視為低焦慮依附，但我認為他們的感受方式截然不同。偏向安全依附、沒那麼逃避依附的人，可能確實比較少感到焦慮，但對於偏向排斥型，且高逃避依附的人來說，低焦慮可能是因為他們壓抑或逃避感受，而不是因為他們不感到焦慮。

比起只單純把四種依附類型視為彼此獨立的概念，無論是我個人還是在諮商工作上，我都發覺這個四象限的模型確實更為精準有用。當我用這種方法說明依附理論，不管是工作坊的參與者還是我的個案都說，利用這個模型，他們比較有辦法自己放進這些向度裡頭。於是，我們才能夠針對接近／逃避行為，以及低／高焦慮，展開更細緻、更有力量的對話。有了這個模型，大家似乎比較能夠反思這些向度如何、又為何能夠在自己的關係中發揮作用（且多半能大翻轉）。我的個案常常說，這個方法感覺自己比較沒那麼「病態」。

就我自己而言，在認識到這些向度之前，我對於自己究竟屬於這三種不安全依附型的哪一種，常常也感到相當困惑。透過我的治療師對於我所進行的成人依附訪談（Adult attachment interview, AAI，一套用來評估成人依附類型的訪談與評估系統），我知道我已經成為安全型依附的人，雖然有時候我還是會出現一些不安全的策略選擇，特別是在有關係壓力的時候。我有些行為屬於排斥型（面對錯誤時，我偏好自行處理），但不是全部的行為都如此（例如，我具有高度的同理心、對親密關係很自在，且感情上非常投入）。我對焦慮型的某些內在經歷方式感到很有共鳴，但就外部展現來看，我完全沒有焦慮依附的樣態。我有部分童年經歷無疑屬於混亂型依附，但我在恐懼逃避型的早期經歷陳述，反而比我在成年人際關係中所經歷的更加反覆、有毒、失能。

當我看到米庫林瑟與薛佛對依附的二重面向描繪，我馬上就知道自己有時屬於高焦慮、高逃避的類型（恐懼逃避型）。在某些特定狀況下，我的內在會感到極度焦慮，對於人際關係上的動態感到心神不寧，當伴侶稍有退卻或無法彼此協調時，無論跡象再輕微，我的情緒都可能加以回應並且突如其來地爆發。不過就外部來看，我更可能會開始向後退，表現得輕描淡寫，並開始自我封閉。我的反應可能不會被發現，或者會被視為是我欲拒還迎的行為，但我的內心其實相當糾結，飽受「一邊踩油門，一邊踩煞車」情緒的猛烈襲擊。二重面向模型讓我可以更為準確地了解我自己的依附類型，也讓我能夠確定我的自我療癒應該要朝向哪個方向。

我發現我的許多個案也都對這種類型很有感。他們的表現雖然不若典型描繪下的恐懼逃避型那樣極端，彷彿總是以精神疾病、暴力、虐待或自虐（或兩者皆有）的形式運作，但他們確實會以此依附類型運作，也確實需要力量以面對此類型所帶來的待處理創傷和痛苦。這些沒那麼極端或明顯的恐懼逃避型陳述很容易被專業人士忽略，使得民眾在要理解與確認自己的依附感受時更感困惑。無論是哪一種心理模型，總會有人的狀態難以完全符合理論或診斷標準，而當分類過於僵化，容易使人在分類時無所適從。關鍵在於，我們應該要認可不同依附類型的重要性，並且承認它們有助於我們看見人們所展現的特定模式。但我們在看待不同類型的描述時，也需要保持一定的彈性。不同的依附模式可能更像是一種光譜，如同我們前面所述，恐懼逃避型的表現可以是輕度、中度或極端的。

○從失能到渴望

另外一種理解依附的方法，是透過依附的力量與渴求來理解它們，而不是從「失能」（dysfunctions）的角度觀之。如果用逃避依附和焦慮依附這兩個面向來定義依附類型，就很容易落入各種對失常的慘淡描繪，於是人們就只會注意到不同依附類型所具有的各種「問題」。在這個雙重面向模型中，就連被推崇為理想類型的安全型依附，充其量也只是焦慮依附和逃避依附的程度比較低而已，全然沒有呈現出這種依附類型所體現的正面力量和能力。

現在讓我們以排斥型依附為例，看看這個負面的框架是如何運作的。由於排斥型依附的逃避程度高、焦慮程度低，所以他們在面對人際關係挑戰時，比較可能會使用疏遠、鈍化的策略。在光譜另一端的焦慮型依附，則位於低逃避、高焦慮的位置。在面對痛苦關係時，他們就會採取對伴侶強力索求、更為激化的策略。

但我們無須局限於用這種負面框架看這些出於依附類型的情緒傾向如何運作。如果我們不要只看不安全依附者如何運用激化或鈍化策略，或者只衡量他們的逃避依附或焦慮依附的程度有多高，就可能探索這些依附類型的正面意涵。每種不同依附類型都有自己的強項和價值觀。不安全依附並不只是面對依附斷裂或困擾關係時所採取的生存策略。就其根本，它們也展現了人類對自主性和人際連結的基本渴望。

一方面，我們需要擁有能動性、獨立性、選擇權；另一方面，我們也有建立親密感、連結感、支持感、團結感的需求。提出整合理論（Integral Theory）的肯．威爾伯認為水平的象限，也就是圖表上方的整個「焦慮」軸線，跟人類共有的驅動力有關。人類對能動性的基本驅動力位於光譜一端，對於共融性的驅動力則位於光譜另一端。所有人，無論生物性別或社會性別為何，全都共享這些內在的能量、能力、驅動力，希望能夠同時實現自主性和連結感。

如果從這個角度來看，排斥依附——會用最小化和拒斥的策略抑制和回應依附困擾的類型——就可以視為是低回應性的人為了符合自身對自主性和能動性的需求所採取的策略。在其較為健康的狀態下，更傾向追求自主性的人可能會帶有優異的自給自足能力，以及足以勝任生活中各種實務面、思考面、物質面需求的能力。他們可以明確切割自己的情緒，在某些情境下，這可能是一項非常有用的技能。當這些需求開始超出他們能健康表達的形式時，能動性與自主性就可能轉變成疏離感和孤立感、情感上的距離，或者轉變為拒斥甚至否認自己需要和他人建立連結或幫助的狀態。他們的人際界線可能變得太嚴格，可能會將他人拒之門外，也可能自我封閉得太深。當這種狀況發生時，自主性和能動性的價值就會被扭曲成一種回應策略，而非一個人有技巧地表達自我需求。

以下是另外一個例子。焦慮型面對依附困擾時，主要採取激化策略，多半被描繪成黏人、太依賴伴侶的人。不過如果在健康範圍內，這種類型的人其實可以被重新定義為更重視連結與團結價值的人。此類型的人可能很懂得如何辨認和配合他人的情緒，而且很能勝任照顧他人需求和處理人際關係的責任。但如果發展得過頭，以至於偏離健康的範圍，他們對於互動的驅動力就可能轉變成不健康的糾纏不清。他們在關係中可能會迷失自我，看不清真正的自己，甚至可能喪失自己做決定的能力。

為了引導我們的關係從健康完整的地方出發，我們需要學會管理這些看似矛盾的驅動力。我們需要想辦法學會，如何能在不失去與他人聯繫的狀況下享有自主權，又如何能在不失去自我的狀況下和他人共融。這個光譜中的健康範圍，可以對應到安全依附型的技能和能力，他們能夠擁抱自主性，但不擔心被拋棄，也能夠深潛於親密感與連結感之中，但不擔心被吞沒。

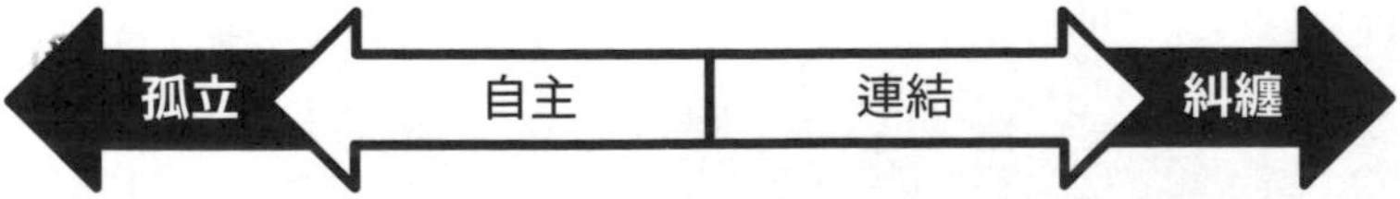

圖 2.2｜對於能動性與共融性的價值觀與驅動力，可能會超越其健康的表現形式，開始轉變為自我孤立或自我放棄。

研究依附的學者瑪莉・緬因認為，如果在童年時期，照顧者能敏感地回應孩子對於自主探索、接近和舒適感的需求，就能產生安全型。[30] 若照顧者不鼓勵孩子尋求接近的依附行為，就會產生排斥型；若照顧者不鼓勵孩子的自主性，則會產生焦慮型。

作為成人，保持開放並回應我們所有的依附需求，對於體現我們情感能力的完整性是非常重要的。

感情關係中，常會出現一種被稱為「疏遠者－追逐者之舞」（distancer-pursuer dance）的困境。在這種關係中，伴侶各自擁有看似對立的依附類型，所以其中一人（疏遠者）會不斷尋求更多空間，另一人（追逐者）則會不斷尋求更多連結。當疏遠者企圖拉開身體上或感情上的距離，追逐者就會不斷靠近，試圖彌補之間的距離。追逐者靠得愈近，疏遠者就會退得愈遠，進而再次刺激促使追逐者再靠近一步。追逐者永遠無法追上，而疏遠者也永遠無法獲得他們所需要的喘息空間。追逐者害怕被拋棄，疏遠者則害怕被吞噬。

在這種你進我退的舞蹈之中，雙方最後都會相當沮喪，互相無法滿足彼此的需求，他們經常忽略，這種互動模式其實跟他們的內在自我更有關係，伴侶只是一面鏡子，照映出那些被他們流放、否認的部分自我。疏遠者已經拋棄過往那個渴望親密感與連結感的自己，也拋棄了極度害怕遭到拋棄的自己。他們會受追逐者所吸引，因為追逐者可以替他們展現這些需求和恐懼，這樣他們自己就不必這麼做。反過來，追逐者也已經向外投射出那個渴求自主性、獨立性的自己，以及實際上害怕真的變脆弱、害怕被看見與被靠近的自己。

他們會受疏遠者所吸引，因為疏遠者可以替他們展現這些需求和恐懼，這樣他們自己就不必這麼做。雙方其實都在追求完整性，這就是為何他們會持續共舞，然而也正因為這場舞蹈，使得他們不需要對於自己所否認的自我負責；相反地，他們會責備伴侶，怪他們害自己出現這些元素。

我自己在剛開始處理內在的自主性和連結感時，曾經遭遇不知如何結合這兩個極端的難題。一開始，我將這兩種驅力視為同一光譜的兩端，就很常覺得它們是彼此對立的，一次好像只能實現其中一種需求或驅動力，而且還往往是以犧牲另一邊作為代價。我要怎麼做，才能更往共融性靠近，而無損我的整體性？我又要怎麼做，才能更往獨立那端靠近，而不致於犧牲我的人際連結感？我後來發現，當心生疑惑時，換一個隱喻可能會有幫助。與其將這些需求和依附表現視為同一個連續體的左右兩端，彷彿一次只能選一邊，何不把自主性與連結感的需求，視為是兩條發揮安全功能的韁繩呢？想像我們在騎馬時，利用這兩條韁繩來控制和指揮馬匹前進。當我們想左轉時，我們就拉緊左邊的韁繩，鬆開另一邊；反之亦然。隨著眼前地形持續變化，我們也持續地調整兩手中的韁繩。藉由時間和練習，我們就能學會如何同時一側收緊、一側放鬆，而不致於因為硬扯韁繩而讓馬受傷，也不致於因為放得太鬆，而失去了溝通與方向。

為了能夠適當地面對每天，甚至是每分每秒出現在我們眼前的事情，我們有時候會需要拉緊自主性的繩子，同時放鬆連結感的繩子。有時候，我們則會拉緊連結感的繩子，向我們的靠近，並放鬆自主性的繩子。在《圈養配對》一書中，作者埃絲特．佩雷爾曾警告，靠得太近可能會變得糾纏黏人，但離得太遠又可能會阻礙交流；她建議，時而分離時而相聚，才可能讓親密感與情欲同時兼具，所以就安全功能而言，我認為我們必須要能夠同時「駕馭」這兩種需求。透過練習，我們可以學到，自主性和連結感不是非此即彼的關係，而是一種能夠同時兼具的體驗。我們可以同時很不同，卻很緊密。透過練習，我們也可以學到要如何更有技巧、更優雅地在這兩種狀態之間穿梭，妥善運用這兩條韁繩，就能夠同時擁抱我們的獨立性與依賴性，我們的自主性與連結感。

○界線、愛的給予及接受

界線是我們在身體、精神和情感上自我保護的方式，是我們建立主權的方式，也是我們向他人敞開心扉的方式。界線是我們與他人之間的交匯點——在那裡，我們可以分離，也可以相連。我們的界線會成為我們處理關係的指引，也和我們給予愛與接受愛的能力直接相關。

如果我們在兒童或成人階段時曾經歷過依附創傷，我們可能就會無法好好地愛人、被愛，或者兩者都有困難。如果照顧者的連結感與愛不足、不一致，或者很危險，我們可能就會想被愛卻難以放心地接受它。我們會很難相信愛是安全、真心、沒有條件的，而且會一直存在（或至少不會馬上消逝）。試圖讓他人靠近內心深處，可能是件容易受傷的事情，我們甚至可能不准自己靠近。汲取伴侶所給的愛，讓它沁透到自己的骨頭與細胞之中，或許是件陌生且嚇人的事情。

如果我們曾經有過依附創傷，給予愛可能也是件困難的事情。我們無法確定伴侶會接受它、認為它足夠、拒絕它、將其視為理所當然，還是會利用它。我們可能會想知道，我們的愛會得到回報嗎？還是我們會孤單地踩在關係邊界上？愛人與被愛都是容易受傷的事情，因為在給予愛的同時，我們也承受了揭露自我內心的風險。當我們宣示想要靠近某人，在此過程中，我們就可能暴露自己的不足之處。

若我們屬於不安全依附型，我們可能會發現自己不管是要愛人還是被愛，都會有些挑戰。我們可能會從別人身上拿得太多或太少，對我們的伴侶也可能給得太多或太少。這全都與界線有關。

在《勇敢去愛》一書中，亞歷山德拉．H．所羅門認為健康的界線應該是個平衡點，你既可以與人相連、也可以與人分開，既可以維持你自己的能量與自我意識，也能讓你的伴侶維持他們所需的能量。

就像我們同時需要自主性與連結感，才能發揮安全功能一樣，我們也需要同時抓好「連結」與「自我保護」之間的平衡，才能夠維持健康的界線。當我們的防衛心變得太高或太低，或者當我們與他人的連結太多或

	輸入	輸出
健康界線 緊密相連且妥善保護。	我們既和他人緊密相連，也能維持我們的自我意識。我們可以接受別人所給的愛。	我們可以分享自己的感受、意見、觀點，也能夠尊重、接受他人和自己是不同的獨立個體。我們可以給予愛。
滲透界線 緊密相連，但不受保護。	過度接受：會吸收、允許不適合自己的東西。失去自我。	過度給予：會侵略他人的界線，將自己的想法、感受、意見、觀點或自我意識強加在他人身上。
嚴格界線 妥善保護，但沒有連結。	接受不足：會阻擋來自他人所給予的。	給予不足：會克制自己表達愛或對他人付出。

表2.1｜健康界線、滲透界線、嚴格界線；
改編自亞歷山德拉．H．所羅門所著之《勇敢去愛》一書。

太少時，界線都會變得不健康。所羅門還根據我們接受他人或向外給予時的標準寬嚴，區分出兩種界線。當我們緊密相連，但全然不受保護時，就屬於「滲透界線」（porous boundaries）；而當我們受到層層保護，卻完全沒有連結時，就是「嚴格界線」（rigid boundaries）。

滲透界線

根據所羅門的說法，在輸入時，滲透界線會讓我們不斷「吸收」，而在輸出時，滲透界線會讓我們變得「具侵略性」。當界線很容易從外而內地滲透進來，代表我們的門戶洞開，我們容易讓別人的想法、意見、偏好、判斷掩蓋住我們自己的喜好、智慧或更好的知識。「吸收」是指，當我們接受不屬於自己的東西、自我定義不足時，我們就可能會任由自己陷入過高的連結感，而毫無自我保護。當界線是從內而外地滲透出去時，我們就容易變得「具侵略性」，試圖左右或者過度干涉別人。當我們以幫助之名，提供人家不想要的建議，或者硬要告訴別人他們該做或不該做什麼事情時，就是在侵略別人。我們所提供的協助，往往不是對方主動要求的，甚至可能根本不符合對方的真正需求。越界或無視他人界線也是一種侵略，尤其是當界線其實非常明確時。這兩種滲透界線的狀況，其實都是攬了太多別人的責任在自己身上，因而為了修補、配合、取悅或過度補償他人，而展現出吸收或侵略的行為。

嚴格界線

嚴格界線代表我們太重視保護，但沒有足夠的連結。若界線對輸入太嚴格，那我們就是在「阻擋」，若是輸出時太嚴格，那我們就是在「克制」。如果是對外的界線很嚴格，我們就會阻絕來自外部的愛、關注、回饋或者要求。我們阻擋，是為了要保護內部不受他人的影響，通常是要避免受傷或遭到攻擊。阻擋時的表現可能是全身帶刺、唐突、尖銳、防衛、僵住或退縮。

如果是對內的界線很嚴格，我們就會克制自己對外表達內心的真實狀況。我們會抑制自己的感受（無論是正面還是負面的）、想法、偏好、要求，甚至會抑制我們對他人的感情。克制的表現通常是因為我們認為表達自我不安全，所以我們會退縮，並且藉由犧牲和他人的聯繫，以維持自我保護的狀態。無論是哪一種情形的嚴格界線，我們都會用情緒的盔甲牢牢武裝自己，限制愛與愛的表達流動。

需要審視的問題

- 你如何發現自己會在人際關係中過度給予？是哪些你對自身的信念所造成？是哪些你對別人的信念所造成？
- 你如何發現自己會在人際關係中給予不足？是哪些你對自身的信念所造成？是哪些你對別人的信念所造成？
- 你如何發現自己會在人際關係中過度接受或過度吸收？是哪些你對自己或對別人的信念所造成？
- 你如何發現自己會在人際關係中接受不足？是哪些你對自己或對別人的信念所造成？
- 你是如何感覺到自己的界線屬於滲透界線？你展現的是吸收、侵略，還是二者兼具？
- 你是如何感覺到自己的界線屬於嚴格界線？你展現的是阻擋、克制，還是二者兼具？
- 不管是輸入還是輸出，你是否會需要更緊縮界線、更保護自己？你要如何做到？
- 不管是輸入還是輸出，你是否會需要更放鬆界線、允許更多連結？你要如何做到？

CHAPTER

3

依附和創傷的嵌套模型

The Nested Model of Attachment and Trauma

到目前為止，我們已經介紹了不同的依附類型，也檢視了它們和逃避依附、焦慮依附這兩個不同面向，以及自主性和連結感的這兩個水平面向間的關係。在下一章中，我要提供另一個視角，讓我們能夠用更多元的方式與角度，來看待與思考我們的依附體驗。這對於我們在第二部分討論依附與多重關係的時候，將會有所幫助。不討論創傷，就很難討論依附，所以在進入不同層次的說明時，讓我們先來定義創傷。

創傷的英文trauma一詞來自希臘文的「傷口」，最初用來指涉生理上的傷害，但現在的定義已有所拓展，並且納入了心理上與精神上的傷害。創傷所帶來的持續性心理影響，而非生理影響，已經成為創傷研究和治療的核心，因為即便在身體痊癒之後，精神性和情緒性的症狀仍然會持續出現很長一度間，許多創傷的發生，甚至完全跟身體接觸無涉。

創傷可能是由單一事件、一系列事件或多組環境所造成的，可能導致生理、情感、心理或精神上的傷害。單一事件創傷，指的是一次性事件，例如遭搶劫、遭襲擊、意外或自然災害；而複雜與關係性創傷一詞，則被用來描述多次創傷事件所造成的創傷經歷，這些事件多半是持續性的（例如遭到虐待或忽視），且本質上跟人際關係有關。創傷性事件和創傷經歷在早期生命階段的影響尤其明顯。年輕時所經歷的壓力事件對大腦的發育可能帶來負面影響，如果壓力事件是依附對象所為，更是格外具傷害性。當我們所依賴的人不能保證我們的安全，或甚至成為我們要保護的人，我們的自我意識與對整個世界的安全感，就會遭受嚴重挑戰。

創傷是會吞噬我們的事件和情境，會讓我們感到失去掌控、無助、孤獨。每個人經歷創傷的方式都不同，也不是每個經歷過相同事件的人都必然會受到創傷。創傷是個連續性的壓力光譜，創傷事件跟單次糟糕的壓力事件之間的不同之處在於，對於身體復原能力的影響不同。當壓力出現時，我們的身體會開始在血液中釋放一系列的化學物質，以刺激交感神經系統的防衛機制，也就是戰鬥／逃跑／僵住／安撫的反應，這是一種人類賴以生存的短期策略。一旦壓力事件結束，我們的身體會讓副交感神經系統回到平衡，回到平常冷靜、思緒清晰的狀態。不過，比較大規模的創傷事件可能會繼續刺激這個天生的壓力反應機制，讓我們的神經系統不堪負荷、功能失調，無法應付這一系列的化學物質，最後就也無法澈底恢復平衡。創傷對於整個神經系統會有持續性的影響，如果沒有及時處理，就可能干擾我們身心安頓、展現心理彈性、維持日常運作、學習、成長、愛人和建立安全依附的能力。如果沒有妥善解決，這些創傷將會對我們的身心、社會、工作和精神健康產生持續性的負面影響。

然而，不是只有龐大的壓力源或大型壓倒性事件，會這樣過度刺激人類的神經系統直至不堪負荷，進而產生創傷。我們也可能經歷較小規模但持續性的壓力事件，而其有害影響不斷積累。我們血液中的化學物質組合，除了會在遭逢車禍、天災或物理攻擊事件時，基於生存需求而一次性地衝高之外，也可能會在每天面對高壓的工作環境、緊繃的人際關係、健康問題、生命過渡階段、交通堵塞、育兒時，一點一點地爆炸。我們的身體需要時間來代謝這些因為壓力而釋放的化學物質組合，而當我們處於慢性壓力的狀態時——無論是大壓力、小壓力、身體壓力、情緒壓力、心理壓力、環境壓力，還是存在意義上的壓力——我們都會被逼到瀕臨崩潰，進入交感神經系統積極運作的狀態。這代表，本來只是暫時的生存反應，反而成為常態。我們所感受到的威脅甚至不需要真實存在，只要我們反覆地出現威脅感，日復一日，就可能將神經系統逼入創傷狀態。

當這種狀況發生時，我們的生活就會陷入生存模式中、被交感神經所支配，而且無法獲得讓自己恢復和成長的能力。

部分研究創傷的專家已經開始簡化創傷的定義，將其視為是一種連結感斷裂的經驗。就依附的角度來看是相當合理的，因為與依附對象的連結斷裂，對於嬰幼兒來說可能意味著死亡，故我們跟依附對象的連結斷裂本身可能也是一種創傷。不過，就人際傷害來說，如果有人跟自己，或跟其他人出現這種巨大的斷裂感受，也可能產生這種連結斷裂的創傷。

依附會與創傷相關，是因為安全依附的歷史可以成為創傷的保護性緩衝。研究顯示，在經歷創傷後，與他人具有良好連結關係的人能更快恢復，也比較不會出現**創傷後壓力症候群**（Post-Traumatic Stress Disorder, PTSD）；相對地，混亂依附的人在創傷事件之後，比較可能罹患ＰＴＳＤ。將創傷視為連結斷裂的產物，將很難把創傷跟依附切割開來，畢竟缺乏安全的成長過程會導致創傷，而擁有安全、得到滋養的關係，則可以成為面對其他創傷時的盾牌。正如各位稍後將在依附和創傷的嵌套模型中所看到的，創傷和依附傷害並不只是個人層次或關係層次的經驗，也跟我們所身處的世界有關，這個世界充斥不正義與權力不平等的問題，還有數個世代的文化與集體創傷未被好好解決，這一切全都形塑與影響我們的經驗。

○依附和創傷的嵌套模型

人類生活經驗有許多不同的層次，都跟依附有關。所謂的不同經驗層次，是指我們作為人類，會具有很多不同面向或層次的經驗：自我層次、關係層次、家庭層次、地方社區和文化層次、社會層次，以及全球或集體層次。儘管這些層次看似彼此獨立而迥異，但其實它們全都相互關聯，每個層次都是人類經驗的重要組成，而且有時會成為我們的決策基礎。

舉個簡單的例子，如果我想要買一台新車，我的生活經驗中就會有多個不同面向或層次可能影響這個決定。在自我層次，我可能會從我個人的偏好、喜惡、需求，以及可負擔的程度來考慮哪台車是最適合我的選擇。如果從個人觀點拓展到關係層次，我就會思考哪輛車最適合我的家庭或者我的兒子。接著，文化層次也會影響我對車款的選擇，因為那會影響我在他人眼中的形象。我在美國可能買到的車種，屬於社會層次的影響，而電動車或汽油車的考量，則屬於全球或集體層次。在討論依附和創傷的嵌套模型時，我也會討論到這些生活中的各種角度、層次或觀點，儘管我們渾然不覺，但它們已經和我們的生活經驗相互融合了。

目前關於依附的文獻主要都聚焦於自我層次與關係層次，也就是要如何辨認我們自己的依附類型，並和我們的人際關係經歷加以連結。只關心這兩個層次的經驗是完全可以理解的，畢竟我們的依附需求在關係層次中是否獲得滿足，會形塑我們的自我形成與發展方式。而在自我層次所形成的依附類型，又會影響到關係層次，成為我們決定在關係中要如何互動的資訊基礎。就各種方面而言，我們都可以將依附視為是一種回饋系統，在其中，關係形塑個人成長，而個人接著形塑關係樣態，接著此關係又會繼續重塑個人，週而復始。

我們固然可以只討論這兩個層次，

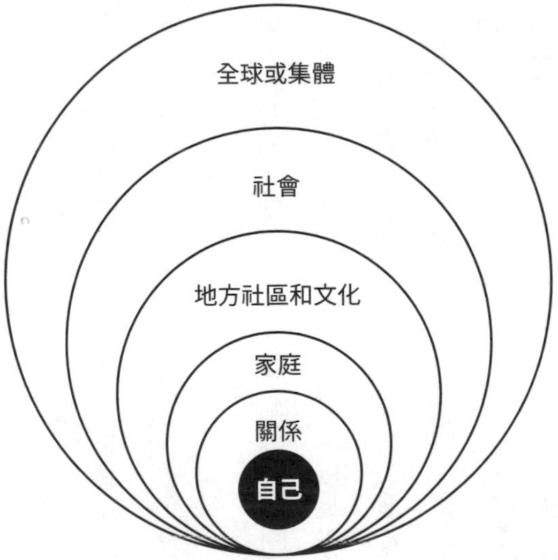

圖 3.1｜依附和創傷的嵌套模型

但就依附與創傷經歷來說，其他面向的探索也很重要。家庭、文化、社會和集體層次，都會影響我們在這個世界中，與他人以及與我們自己之間的安全感。如果我們在理解依附和創傷時，沒辦法納入這些層次，當經驗是在「別的」層次作用時，我們就可能看不見它對自我或關係層次的影響，我們也可能會看不見它們的綜合影響。例如，思考一下貧窮、性別角色期待或制度化的分娩，以及這些將如何影響依附和創傷。由於實際上，所有的經驗層次彼此都難以分割——每個層次都會和其他層次相互作用與影響——我決定要將它們以嵌套的方式呈現。

自我層次

最裡面的圈圈代表的是你：獨立的自我，帶有特定的氣質、獨特的基因與表觀遺傳表現、具有特定的依附歷史與經歷，以及感受這些依附類型的獨特方式。這個圈圈涵納了你的思想、感受等內在體驗，包括你如何看待、辨認自己，也包括你如何感知、解釋、思考他人。你所有的技術、能力，以及你的渴望、厭惡、希望、恐懼，都在這裡。這個圈圈，也包括了所有你照顧自己或虧待自己的作為、你的內省與反思能力，也包括你對於自己的存在，是否感到扎實、安定或安全。

關係層次

這個層次指的是你和你的家長、家人、好友、愛人和伴侶之間的一對一人際交往經驗。你和依附對象的互動品質、你如何被對待，又如何對待他人，都屬於這裡。當我們在討論依附對象有無滿足我們的依附需求時，就是在討論這個層次，而且也正是在這個層次中所發生的事情，會向下蔓延、轉移到自我層次，影響我們要採取更安全或更不安全的依附策略。自我層次會影響我們在關係中的出現姿態，進而影響這個層次。

在關係層次中，不管是身體、性或情緒上的虐待、忽視，或者遭逢親密伴侶的暴力，這些創傷經歷全都會影響我們建立依附的能力。來自主要依附對象的持續傷害或遺棄（無論是家長，還是成年後的戀人），都可能會導致複雜的關係創傷。遭受備受信任的人所虐待或傷害，對於依附系統可能會造成格外嚴重的破壞，進而使人懷疑是否世界上沒有任何人能夠安全地信任與依賴。單一創傷事件，例如車禍、醫療手術，或者一次性的攻擊事件，雖然不是發生在關係層次，但仍然會影響一個人在這個層次上建立安全依附的能力。不管我們的依附創傷一開始發生在哪個層次，關係層次都可能治癒我們的不安全依附類型。

如果情緒協調、反應迅速的伴侶可以滿足我們的需求，甚至和當初傷害我們的人修復關係，這種療癒效果就可能發生。

依附的研究和文獻已經顯示我們和父母或愛人的關係如何影響我們的依附類型，但我們和手足的關係卻較少被討論，儘管影響其實是一樣的。我曾在治療中見過許多個案將他們與兄弟姐妹的互動，視為他們依附創傷的根源。有時候這跟父母疏於排解手足之間的衝突有關——例如視其中一人的需求優於其他人的需求，但這種斷裂更常直接發生在兄弟姐妹之間。如果出現明顯的情感或言語虐待、霸凌、身體虐待或澈底拒絕時，就可能發生和手足間的依附斷裂。因為歲差較大或性格差異所導致的斷裂、競爭、持續錯頻的玩笑話，全都會在手足之間的依附斷裂中出現。這些經歷會影響人在成年後與戀人建立有意義連結的能力。

文化上來說，西方傾向認為戀愛關係與親子關係的影響比較重要，研究也顯示，成人的依附多半是針對戀人或性伴侶，而非一般友誼。[31]但我們與兄弟姐妹或親密朋友的關係，依然可以作為我們所擁有的重要依附連結。對於多數人來說，朋友或手足可以作為主要依附對象，當我們和伴侶或父母發生依附傷害時，這種連結就可以提供矯正性的依附經驗，並讓我們得以從關係性的依附斷裂中獲得療癒。作為主要依附的友情也可能在某人心上留下痛苦的印記，各種因為背叛、欺瞞、失聯、戲劇性發展而告終的友誼，也可能會帶來嚴重的依附干擾。失去摯友或摯友過世，也可能為我們的依附系統帶來劇烈衝擊。

家庭層次

接下來的這個層次，將會超越關係層次的一對一互動，除了家人之間的互動，實際家屋的層次也會影響我們的依附類型。這些因子可能包括：你家中共有多少人、家庭的文化類型、成長的地點、家中幾代人同堂、你是否因為父母分居、離婚或你本人居無定所，因而需要來回奔波。這些因素都可能影響你對於家人或家庭生活所感受到的支持或壓力感受，進而影響你是否感到安全。

你兄弟姐妹眾多，常常感受到很多的愛和關注嗎？你總是有人可以聊天或一起玩嗎？還是你需要在兄弟姐妹之間爭奪食物或注意力，而你的需求很容易就會被淹沒？你家中是否有幾代人，能夠填補你和家長之間的空白或成為溝通的橋樑？還是多代同堂反而壓縮到家長所能提供給你的資源？家中有人生病嗎？

你有繼父母或繼兄弟姐妹嗎？你屬於內向型（自我層次），但家人全都是外向型嗎？或者你是藝術家性格，家人卻全都是科學家性格？你家中有沒有和你很親密的寵物，還是你其實對寵物過敏？你的家人有哪些習慣或慣例，這些又如何影響你的依附體驗？上述這些家庭層次的經歷，全都會影響我們的歸屬感，以及我們對於自己、人際關係、世界，是否感到安全穩定。

這個層次還包括物理環境，例如，你是否「喜歡」童年時期的家屋與臥室（如果有的話）的物理空間，在那裡你是否感到安全。如果家裡太雜亂或太乾淨、太安靜或太吵雜，或者有其他你無法適應之處，全都可能會為神經系統帶來壓力和緊張，促使我們做出生存模式的壓力反應。我的一位個案就曾發現，她現在的焦慮型依附和她小時候頻頻搬家的經歷關係很大。她與父母在關係層次上的依附經歷相當安全，但他們在短短數年內就搬了四次家，由於一再地失去朋友、學校、家屋，讓她的身體出現了一種持續的隱隱不安感。她發展出一個心理敘事，只要她在一個新地方感到舒適、開始安頓下來，她腳下的地毯就會瞬間裂開。家屋的一致性對她來說非常重要，而這種家庭層次的不安感，讓她現在無法在關係層次相信她的感情對象真的會是穩定不變的存在，進而讓她出現極高程度的依附焦慮。

我的另一位個案也曾提到，他小時候住在一個老鼠叢生的屋子裡，強化了他與兄弟姊妹的逃避依附。與老鼠同住代表，為了避免和老鼠相遇，家裡就會有一些壁櫥、抽屜甚至房間，是他們會想盡辦法避開的所在。唯一能讓他們感到安全的，就是撤退到公寓中比較沒有老鼠的幾個地方。在治療中，他們開始看到這種退縮的作法，其實也降低了他們想要和父母或其他手足建立連結的欲望，因為想親近家中其他成員，就勢必得進入屋內感覺較不安全的區域。年齡漸長、開始有社交生活後，他們會因為覺得邀請朋友來家裡太丟臉，而經常花較多時間去朋友家玩。由於家庭層次的物理環境，他們在個人層次感受到羞恥與難為情，進而導致他們在關係層次中，出現較高程度的逃避依附，以及對於親密關係的不適感。等到我先和這位個案處理完這個家庭層次的早期依附經歷，並讓他們的神經系統對於現在的家恢復安全感後，他們在個人與關係層次才偏往安全型。

地方文化和社區層次

壓力源、創傷和依附挑戰，有時候不是來自我們的家庭、關係或自我層次，而是源於我們所處的文化和社區。地方文化和社區層次指的是家庭之外的地方，例如職場、學校、朋友家、健身房、俱樂部、運動場，以及心靈或宗教中心。文化可能豐富、複雜、對比鮮明，我們可能會發現自己身處數種不同的文化和社群中，各有不同的社會規則、交往方式，對於被認可的成員也可能有不同的期待。無法配合所屬社群規範的人，如果覺得做自己或表達自我可能會帶來傷害或危險，他們就可能出現依附的不安全感與創傷。被迫隱藏或扭曲自己，會斬斷我們與自我之間的基礎關係，也會干擾我們在關係與家庭層次的經驗。不幸的是，許多人曾經遭受自己信賴的社群成員、導師、老師或神職人員的傷害或侵犯。這些經歷會對於人們在團體中的安全感，以及對於愛的施與受所抱持的價值感，帶來持久的印記。

我從小成長於紐約布魯克林，曾有不少機會受邀到朋友家裡作客，他們很多人屬於第一代美國人，是移民的小孩。我一個朋友的母親來自古巴，她說話、管教、照顧、碰觸孩子的方式，跟我其他朋友父母對待孩子的方式截然不同——後者可能是愛爾蘭裔、義大利裔、俄羅斯裔、波多黎各裔、非裔，或者希臘裔。一些家庭情感豐沛、熱情洋溢，有些家庭則比較淡漠、有距離感。一些家庭雖然總是在場、穩定，但在情感表達上卻相對猶疑。現在來看，我發現我朋友們所經歷的教養方式，跟他們父母的語言、文化、宗教大有關聯，因為每種文化對於父母的角色、紀律的意義（包括使用的時機與方法），以及孩子應該如何表現，都有截然不同的期待與想像。正是這些多半隱晦、看似尋常的文化敘事，決定了父母對於孩子依附需求的可及性、回應速度與協調性有多高。

現今的地方文化和社區層次，當然也包括虛擬文化和網路社群。我們可能人在家裡，但思想或心靈卻在虛擬世界中翱翔。黛安・普爾・海勒與金・約翰・佩恩曾在他們所開設的線上課程「數位時代的安全依附育兒法」中提到，現代社會在依附與科技面向會對我們帶來一些特殊挑戰。他們指出，科技使用過多，可能會對親子之間發展情感連結的能力帶來潛在的破壞。生活已經相當忙碌，如果再加上螢幕時間，就可能會限縮了對於親子來說十分重要的面對面交流時間。

儘管現在讓幼童使用科技產品似乎已成一種社會需求，但對於許多家長來說，科技產品其實更像是他們疲憊時可以倚靠的工具，特別是基於經濟上的理由。如果家中所有的大人都得工作，螢幕就像是孩子的保姆，至少可以讓家長抽空去做個晚飯，或簡單打理家務。雖然透過手機、平板或其他數位設備，我們與他人的聯繫變得史無前例地頻繁，但研究卻顯示[32]，在年齡介於十九歲到三十二歲的美國人口中，重度使用社群媒體的人所感到的社交孤立或情感疏離程度，明顯高於低度使用的人。我還發現，缺乏與其他人的面對面接觸，會使人展現出一種實體互動未必會出現的冒失、刻薄狀態，並且帶來極大的情緒不適感。網路攻擊與遭人否定都可能帶來強烈的失落感與心理傷害。地方文化與社區層次跟其他層次一樣，可能帶來傷害與創傷，當然也可能具有療癒效果。如果有人在其原生家庭或家鄉成長時總是格格不入，那麼當他找到一個能夠傾聽他、接納他、尊重他，甚至是稱頌他的網路社群時，自然就可能深深撫癒他的自我感與連結感。

在這個層次中，校園文化是另一個重要的面向，因為多數孩子除了睡覺之外，大部分時間都是在教室、學生餐廳、校園內度過。我的一個個案曾經開玩笑地說，千萬不要相信那些說自己喜歡國中生活的人；後來我才知道，在她這番玩笑話的背後，潛藏著她在青春期時所經歷的各種痛苦與創傷事件。現年四十多歲的她，身上依然帶著她在國中時期因為社會階級與青少女霸凌文化所帶來的傷疤。當時她遭到明顯的社交孤立、同儕之間反覆對她施加的情緒及言語暴力，再加上學校的激烈競爭文化，學業壓力與社會壓力使她難以承受，最終使得她在十三歲就嘗試結束自己的生命。

寫作本書之際，父親傳給我一篇他受訪的報導，文中提到他在四十多年前遭到高中校長性侵的過去。報導中引用了他的原話，指出他成年後的酗酒、吸毒和精神疾病，都源於他在學校遭受性侵後所經歷的深刻羞辱感。在我後來和他討論的過程中，他還提到長年的體罰與公然拒斥他的天主教校園文化進一步強化、鞏固了他的受辱感。在校園層次所受的創傷，嚴重持續地影響了他作為我父親的角色，以及他和我建立關係的能力。父親在我八歲時進了勒戒中心，不過他戒酒與戒毒一事，當時並未如我們所預期地改善彼此的關係，儘管酒癮和毒癮經過戒治，但他所受到的創傷和羞恥感，以及他打從心底認為自己不值得被愛的感受——即便對象是自己的孩子——依然存在了數十年。儘管父親非常想要陪伴我，但由於他高中的創傷未被妥善處理，隨之而來的恥辱感就讓他無法用關心、可得與情緒協調的方式來照顧和回應我們，並且和我們建立連結。

我認為，我們在社區街道上感到多安全、家中大門是否需要深鎖、在社區中感受到多少歡迎與擁抱，以及社群的領導人物是否仁厚，全都會影響我們的安全感與探索能力。霸凌、社區暴力、校園槍擊事件所帶來的創傷全都不容小覷。不過，儘管諸多類型的依附創傷可能在此層次出現，它依然可能具有療癒與依附修復的效果。朋友家、精神社群、藥物濫用支持團體、球隊或舞團，以及網路社群，都可能成為我們的避風港，讓我們可以更自由地做自己，被理解、被看見、被愛。

社會層次

在此嵌套模型中的下一個外部層次，是我們的生活所處於的更大社會結構與系統，例如經濟、法律、醫療、政治系統，以及宗教組織。偏見與壓迫的制度化，也就是整個社會結構特別偏好或歧視特定的年齡、種族、性別、階級、身體能力、性取向和關係取向（包括單偶制或多重伴侶關係），就是發生在社會層次。在社會層次中，誰被視為合法、誰被視為可獲得醫療保健和教育資源、誰被視為擁有親權、誰的生育方法又被視為可能損害親子關係，全都可能造成創傷或帶來依附傷害。此外，我們的存在是否受到法律保障本身，對於我們在這個世界上的安全感至關重要。社會學家約翰．加爾通將其稱為結構性暴力（structural violence，又譯制度暴力）[33]，不同於身體暴力（儘管兩者通常相互交織），結構性暴力是一種通常不可見，但卻巧妙嵌入社會結構的暴力。由於異性戀霸權、階級歧視、種族主義、能力歧視、性別歧視，人們的生活變得複雜、侷限，甚至有些迷失方向。結構性暴力可能不像身體暴力那樣明顯可見與直接，但它同樣極具影響力和危害性，因為它會在潛在現實（人們想像中的生活）和有限現實（人們發現自己所身處的世界）中創造差異。

恐同、種族歧視、性別歧視以及一對一正統預設等社會議題，不會只在社會層次發生，而會以非常真實、影響深遠的方式運作，包括我們的社區和家庭、我們能讀的學校、校方可能獲得的經費，包括我們傾向靠近還是迴避他人，也包括老師、計程車司機、雜貨店店員會如何對待我們。就算是完全相同的情境，黑人男性和白人女性看到警察經過時所產生的安全感，可能就截然不同。在美國大規模槍擊事件頻傳以及當前的政治氛圍之下，信奉伊斯蘭教的少數族群走進清真寺會有的感受，也可能與白人天主教教徒走進教堂的感受大相徑庭。這些經驗接著可能會滲透到自我層次，一旦個人內化這些社會議題，將其視為恥辱或自我厭惡的理由，就會危及他與他人建立連結與依附的能力發展。研究顯示，在社會經濟風險下成長的兒童比較容易發展出混亂型依附[34]，由於父母工時很長，如果兒童每週不是母親自己帶的時間超過六十個小時，他們發展出混亂依附的風險也會提升。[35]

在這個資本主義的社會中，人的價值取決於我們的工作與薪水，而非我們的為人——

在這樣的社會中，我們真的可能建立起安全感嗎？當我們每天都被各種武斷（甚至具攻擊性）的資訊轟炸，彷彿唯有賺更多錢、信仰更虔誠、買更多東西、做更多改變身體的事情、擁有更多不動產，生活才可能有所保障——在這樣的社會中，我們真的可能感到安全穩定嗎？這個社會，會透過媒體、廣告與各種制度化安排（例如結婚能夠節稅）告訴我們要如何愛人、誰值得愛。而所謂有價值的關係、有機會的伴侶，往往是根據對方在晚餐、約會、假期、鑽石、婚禮上花了多少錢。

另一個極端的想法，也就是認為金錢對戀愛關係完全不重要，這想法可能也有害，畢竟我們確實生活在一個金錢為生存基本所需的社會之中。如果我們無法養活自己、付不出帳單，或者無法負擔基本的醫療保健，自然也很難穩定地發展和經營一段關係。

不是只有資本主義會影響我們如何愛人、會愛上誰，在伴侶諮商的過程中我也注意到，父權思想與性別論述常常會侵蝕親密和依附關係。要發展健康的關係依附，就需要能在關係中感到安全。儘管女性地位在過去數十年中有了長足進展，但仍有許多女性在她們最為親密的關係中遭到歧視、物化、忽略、排斥，甚至是奴役。儘管我這一代所受的教育是，男生可以做的事，女生全都可以做，但多數跟我同輩的人依然覺得有必要除毛、染髮、曬膚、雷射、托高，或者在身上植入一些什麼，才會覺得自己的美麗達到一定標準，甚至要這樣每天才敢踏出家門。

對於許多女性來說，作為一名女性，女性主義反而帶來了更多的標準。喜劇演員蒂娜．費曾提到，好萊塢的種族和族群日趨多元，讓身體形象也出現正面變化，像珍妮佛．羅培茲、碧昂絲等人的出現，就改變了美國人對於美女的定義。纖細不再是唯一的理想身型，較為渾厚的臀部或大腿現在也會被認為是曼妙理想的身材。這些正面發展確實讓我們對於美麗的標準出現更多細微的變化，特別是看見了不同種族血統的女性、體型豐腴的女性、跨性別與身心障礙的女性；在過往狹隘的審美觀下，若跟纖瘦、四肢健全、順性別（cisgender）的白人女性相比，這些女性往往會被視為有所不足或次等的存在。然而，蒂娜．費指出，這些變化未必能夠解放所有女性，讓她們得以擁抱自己的身體，相反地，這反而：

……只是在女性必備的美麗特質清單上，再添上幾項而已。現在，每個女孩彷彿都應該要擁有：「一雙高加索風格的藍色眼睛、飽滿的西班牙厚唇、古典精緻的小巧鼻子、光滑無毛的亞洲肌膚、帶著加州陽光的小麥膚色、牙買加風情的熱舞電臀、瑞典風格的筆直長腿、日本風情的金蓮小腳、女同志健身教練般的精實小腹、九歲男童的滑嫩屁股、蜜雪兒．歐巴馬的手臂線條，以及一對如洋娃娃般的精緻乳房。[36]

除了不斷增生的審美標準之外，女性現在也被期待要能以事業為重、追求成就、經濟獨立，而且不管是會議室、床笫之間、廚房還是托兒所，女性全都要能夠掌控全局。

另一方面，由於男性被視為是享盡一切優勢與特權的人，他們所面臨的困境就全然地不受重視。不過，賦予男性優越地位的社會結構，同時也剝奪了他們作為完整人類的情感，一旦男性展現出一絲絲的敏感脆弱，或者表達自己其實也需要擁有愛、安全感或溫柔（基本上，就是只要男性承認自己有一丁點的依附需求），好像就會澈底威脅到他們作為男性的地位。如果符合陽剛定義的男性必須要事業成功、財富自由，當他們被羞恥感困住、自認不值得擁有愛情時，會發生什麼事情？如果他們是跨性別，或者根本不適合這種二元性別架構時，他們建立連結與安全感的能力又會發生什麼事？許多我們所面臨的個人困擾與關係挑戰，其實全都跟社會層次有關，因為它們損害我們能夠建立安全連結與愛情的能力。

全球或集體層次

大地是有生命的。大地是賦予我們生命、滋養我們成長的地方，也是我們死後終將回歸之所。要討論依附關係，就必須討論我們最原始的母親：大地之母。許多人跟環境的關係都太過抽離、抽象，儘管地球是我們賴以生存的基礎，但我們仍然認為地球跟我們是獨立而無關的存在，並會從我們的日常生活中將它抽離。我在紐約長大，而我從小的教育就是，大自然並不是什麼特別值得尊敬或享受的事物，主要是因為都市中沒有什麼真正的土壤或草地。相反地，我過往所目睹的大自然，是拿來被水泥蓋住、讓車輛行駛、可以爆破出一個大洞，被視為理所當然，甚至是用來傾倒垃圾的地方。地球更像是一種用來達到目的的手段，一種可以從中汲取的資源，而不是一個可以與其建立起關係的生命體。我可以肯定地說，為數不少的美國人對於地球都抱持著排斥型依附，他們會淡化土地的重要性，並且斬斷任何可能透過和自然世界建立連結所能獲得的智慧或親密經驗。

每一天，人們都可能因為火災、水災、颶風、地震、龍捲風、海嘯、火山爆發或流行傳染疾病，而被迫面對地球上可能出現的突發或壓倒性的自然現實。想當然耳，在天然災害中失去親人、家園和整個社區是件令人極其痛苦的創傷事件。而貧困、種族主義或公共政策，可能影響哪些人將如何或何時能取得災後援助與支持服務，甚至可能帶來進一步的創傷。研究氣候變遷對心理健康影響的布里特．瑞特，曾在二〇一九年的一場ＴＥＤ演講中提到，自然災害可能會提高倖存者出現ＰＴＳＤ與自殺的機率。她也提到，變化萬千的自然環境可能威脅我們的社會、心理、人際和精神健康，以及目前心理學家如何面對氣候變遷所帶來的「創傷前壓力」（pre-traumatic stress）的議題[37]。心理學研究者日瓦．伍德伯里也曾指出，人類現在所面對的是一種前所未有的新型創傷，它會持續、不斷發生，而且沒有立即解方，而這種創傷將會嚴重挑戰我們作為人類的共同認同。在〈氣候創傷：邁向創傷學的嶄新類別〉一文中，他寫道：

> 氣候創傷是一種永遠不滅的生死存亡威脅，帶有一連串的不間斷認知提醒——融化的冰帽、侵蝕的海岸線、流離失所的難民潮、風暴、洪水、火災的肆虐警報會全年無休地放送，在此同時，物種不斷滅絕、熱帶雨林持續消失、珊瑚礁也瀕臨死亡。生活有些事情是我們無法「視而不見」的，氣候創傷就是這樣烙印在我們意識上，難以抹滅，因而會根本地改變我們看待世界的方式，以及自身的定位。[38]

並不是每個人現在都直接地受到自然災害的侵擾，但確實有許多人經歷這種氣候創傷，或可稱為是對於地球具有一種焦慮型依附，他們每一天都活在擔心水質、空污、森林，活在擔心生物多樣性降低與生物滅絕的焦慮之中，這些還只是簡單的幾個例子。

我的一位個案，我們多數的治療都跟她的環境焦慮及其引發的各種生活困擾有關。她每天睜開眼睛，看出窗外，就會看到她眼中的危險世界。對於人類虐待地球的各種方式，都讓她個人感到極度痛苦。儘管她實際上不缺任何東西，但她經常對我說，「只要環境不好，我就不好。」生活在一個自然災害隨時會爆發、人類未來岌岌可危的世界裡，讓她感到極度的不安全和不穩定。這個特殊的個案讓我知道，地球的狀態確實可能改變某些人對於個人未來甚至是個人目標的定位。對許多人來說，我們正試著為下一代創造更美好的未來，因而也為個人生活注入了更高的意義；但對於這位個案來說，人類的未來已經不再安全，也不是她能賦予意義感或成就感的對象。

我有另外一位個案，總是會強烈地感覺到他的生命意義跟成為一名父親息息相關。打從他有記憶以來，他就渴望成為一名父親，並且將為人父視為他此生的最大建樹。但在他深入了解了人口過剩和糧食短缺等全球性問題時，他陷入了自我的嚴重質疑，懷疑生養孩子到底對自己有何意義。對於環境議題的關心開啟了他的個人身分認同危機，他開始思考，如果從環保議題來看，生孩子並不可行或者並不明智，那麼他到底是誰？他應該怎麼做？他對地球的憂心，讓他的內部神經系統產生一種持續的緊迫感和過度警覺，進而擾亂了他的工作和婚姻。

我後來發現，用處理關係依附創傷的方式，來處理這兩位個案對環境的依附焦慮，就能夠讓他們重建內在的安全感。他們對於地球可以提供的智慧和支持產生了更大的信任感，同時也對自身的環保努力感到賦權，而不若過往的不知所措或過度自滿。

最後，討論到全球層次時，勢必得要強調集體創傷的重要性。集體創傷就是延續多個世代的社會創傷影響，包括奴隸制度、種族滅絕、飢荒、戰爭或性別從屬地位。無庸置疑地，經歷這些事件的個人會受到影響，但其影響會超越個人層次，並且以難以探測、無法估量的方式，改變世界發展的方向。「口袋計畫」（The Pocket Project）是個致力於治癒集體創傷的非營利組織，其共同發起人湯瑪斯．赫布認為，人類目前生活在一個受創的集體世界中，其主要症狀就是我們跟其他人、跟整個世界、跟精神或自然世界，都感到相當疏離。[39] 這些症狀不只會存在於我們個人或集體的心理疾病上，透過我們的基因表現，甚至可能變得更為明顯。

先前世代未能解決的創傷，可能會改變後代的基因表現，進而使後代更容易受到某些健康問題的影響，提升焦慮、PTSD與對危險的警覺性。這代表，你現在在自我層次上所經歷的某些身心狀況，實際上可能遺傳自你的祖先過去所經歷的集體創傷。

• • •

創傷可能會跨越代際、多元的形態出現，而且每個人和他們的神經系統對於同一事件的反應程度可能截然不同。創傷和依附創傷會讓我們無法產生安全感，如果沒有解決，就可能會嚴重損害我們建立人際連結、回應甚至正常運作的能力。所有層次都可能帶來威脅、斷裂、越界等情境，進而啟動我們的依附系統。換言之，不管是哪個層次，都可能會影響我們對於自己的身體、自己與他人關係，以及自己與整個世界之間的安全感。總是生活在混亂、恐懼與不確定性中，不利於安全依附的出現。我們可以在個別層次檢視所發生的潛在創傷，並且釐清它如何向上或向下滲透到其他層次。在文化、社會、集體層次持續發生的創傷事件，雖然不可能在個人層次治癒，但這不代表我們就無法在自我或關係這兩個我們擁有更大權力的層次，淨化或者修復自我。同前所述，所有人都可能在這些層次中獲得療癒。我們會需要把治療焦點放在斷裂發生的特定層次，但我們也要利用其他層次帶給我們的修復與喘息時間——不管是自我療癒、與戀人熱情相擁、讓人可以放鬆的自家、接納我們的社群、取得過往遭到剝奪的合法權利或利益，或者是走進大自然中，安靜地散步——這些都可以用來恢復我們的內在平衡。

PART 2

現在我們已經比較認識依附理論和創傷了，
本書的第二部分，將要進一步
來認識合意多重伴侶關係。
本章將討論何謂合意多重伴侶關係、
依附研究如何看待多重關係、
為什麼依附對於多重關係實踐者格外重要、
這些族群的依附斷裂與創傷在前述的
「依附與創傷嵌套模型」上，
如何多層次地同時發生。

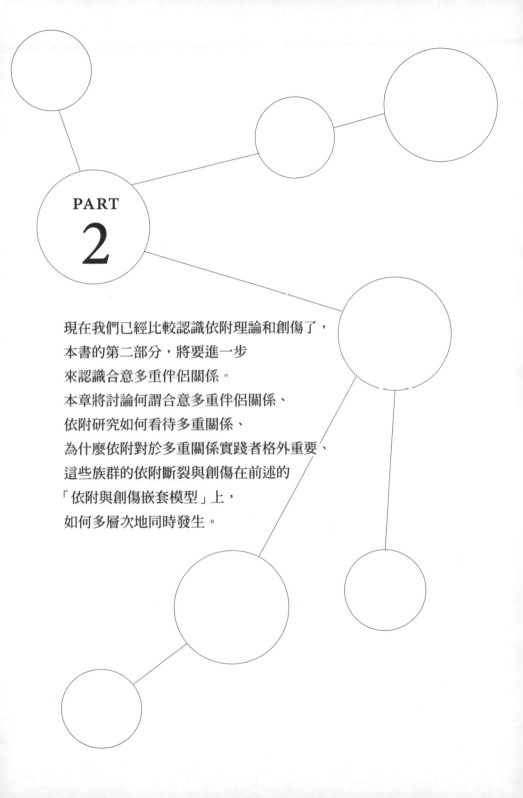

CHAPTER 4 合意多重伴侶關係 Consensual Nonmonogamy

我們生活在一個充滿劇烈變化的時代。由於變化永遠都會發生，這句話或許可以適用於史上任何一個時期，但過去幾十年，確實有許多既定信仰和根深柢固的文化和社會實踐出現了變化，對於種族、階級、性別和性傾向的態度亦然。儘管這些社會變革尚未完成，也還有長路要走，但綜觀西方歷史中，許多社會邊緣族群確實在過去五十年間，獲得了最為豐沃的機會、社會認可、公平正義和權利。這些必要變革的出現，要歸功於受壓迫者勇敢不懈的努力。不論知名與否，許多人都曾經為了公益的追求，而犧牲了個人的安全自由，甚至是生命。

隨著過往特權階級看不到的生活風格與偏見逐漸被暴露與解構，新的選擇也開始出現。我們可以選擇自己要走哪一條人生道路、如何自我認同、選擇愛誰、如何去愛。雖然挑戰種族、階級、性別與性傾向的社會建構，一直以來都居於社會改革的最前線，同為社會建構產物的單偶制卻長期未受質疑，許多難以適應單偶制的人，因而發現自己跟整場深遠的社會革命相當疏離。

正如埃絲特・佩雷爾所述，[40]由於核心家庭以外的其他家庭形式不斷增生，家庭作為社會磐石的地位，反而日益穩固。繼親家庭、重組家庭、精卵捐贈者家庭、單親家庭、代孕家庭等多元家庭形式的出現，也拓展了我們對於家庭的接受程度。

然而，單偶關係作為理想愛情典範的主宰地位這點，基本上完全沒有改變——呃，至少表面上來看是如此。美國的離婚率大約是四成至五成之間，而且估計約有三至六成的已婚男性與二至五成的已婚女性坦承，自己曾有出軌經驗。[41]佩雷爾提醒，已有許多證據顯示單偶制或許並不真的可行，畢竟雖然許多人宣稱自己採行單偶關係，實際上卻祕密地採行多重伴侶關係。即便擁護者與實踐者之間顯然存在極大鴻溝，不可否認的是，單偶關係至今依然被視為目前愛情的基本定位。無論是在當代美國文化，還是在世界各地，婚姻特權和單偶關係的偏見依然比比皆是。人們仍然普遍認為，就愛情來說，單偶關係不僅是較有道德的實踐方式，也是唯一的選項。這個典範儼然已成常倫，稍有偏離，往往帶來眾叛親離的家庭與社會風險，甚至是面臨法律後果，可能入獄，甚至死亡。

不過，合意非一對一關係（下稱CNM關係）正在崛起。《樂園的復歸？》和《道德浪女》等書提醒我們，儘管單偶關係在人類史上已經是個相對新穎的概念，對於當代社會來說，CNM關係——作為一種正當的關係選擇、一種不需遮掩的生活選項，其實也非常新穎。幾十年來，甚至是幾世紀以來，擁有多名伴侶的關係往往會被地下化。一九六〇年代的性意識革命雖然使CNM關係得以褪去祕密色彩，但大眾對其的認識與接受度仍非一蹴可及。一直要到過去十年至二十年之間，我們才終於看到有愈來愈多以CNM關係為題的書籍、學術研究或Podcast等媒體大量出現。現在，CNM關係已經會登上新聞標題、成為媒體探討的主題、主流電視節目中的描繪對象，在交友軟體和社群媒體上，也已經成為各種關係狀態中的一個選項。艾咪．慕爾斯的研究發現，與多重伴侶關係、開放式關係相關詞彙的Google檢索次數，在二〇〇六年至二〇一五年期間穩定增加。[42] 美國心理學會也針對合意多重關係成立工作小組，深入認識CNM關係與其他非傳統關係的包容性。

無庸置疑的是，CNM關係現在正迎來其文化高點，而且絕對不會只是一時。同樣是擁有多個性對象或情人，但CNM關係跟帶有欺騙的腳踏多條船不同，CNM關係中的所有參與者對於整個關係結構都是知情且同意的。實踐CNM關係的人非常重視透明程度、同意、開誠布公的溝通、個人責任、自主性、同理心、性愛積極（sex positivity），以及彼此的自由；此外，他們通常也擁抱下列的原則：愛既非占有，也不是有限的資源；同時被多個人吸引是很正常的；愛、性、親密關係的方式有很多種；不需要害怕或避免吃醋，嫉妒心可以提供很多資訊，而且可以被好好解決。《精神性多重伴侶關係》一書的作者「神祕生活」就曾寫道：「在這條道路上，要擁抱我們自己的吃醋情緒，要接受別人也可能吃醋，要發展自我的整體性，而且捨棄『多愛這個人，就會少愛那個人』的想法。[43]

哈柏特等人的研究團隊發現，根據美國兩次獨立的人口普查樣本結果，超過二〇%的美國人坦承自己曾經有過CNM關係的經驗，無論其種族、年齡、宗教、階級、政治立場、教育程度為何皆然[44]。其他研究也估計，美國目前採行CNM關係的人約為五%[45]，人數已經超過一千六百萬。研究者發現，CNM關係的忠誠度、關係長度、滿意度、激情與愛意，跟採行單偶關係的人並無二致。[46]此外，有違一般人的想像，CNM關係中的信任感不但比較高，關係中的嫉妒感也比較低。[47]

為什麼要採行多重伴侶關係？

只要有人或伴侶來找我，不管是已經實踐CNM關係，還是打算要嘗試看看，我拋給他們的第一個問題永遠都是：為什麼？之所以要問這個問題，是因為我必須瞭解得更深入，才可能提供有意義的協助，畢竟正如賽門．希尼克所說[48]，不能只問我們要展開「什麼」行動、要「如何」行動，因為唯有瞭解我們「為何」行動，而才可能讓行動成功。根據我與個案合作的經驗，能夠明確表達他們深層目標的當事人，也就是知道自己「為何」採行多重關係的人，比較能夠面對後續可能發生的各種情緒起落。隨著CNM關係如潮水襲來，開放彼此關係所帶來的情緒衝擊也漸起波瀾，記住自己當初為何要踏入這片水域，將能夠成為讓你與你的關係不致於滅頂的必要救生衣。不過，當有多人想要一起嘗試CNM關係，即便是一段婚姻中的兩人，彼此之間的理由也可能不盡相同。了解你自己為什麼想要採行多重關係，以及這個理由跟你的伴侶有何異同，能讓你更確定自己要採行哪種類型的多重關係，包括你跟不同的伴侶應該建立哪些協議，以及你自己比較適合哪種多重關係。

研究者慕爾斯、馬茲克、薛英格曾經比較過，採行CNM關係的人所抱持的動機與他們所感受到的關係好處，與單偶關係者的異同之處。[49]結果顯示，兩者同樣都能透過關係享受到共組家庭、擁有信任感、愛情、性、承諾與溝通所帶來的正面利益；不過，採行CNM關係的人進一步回報，他們認為自己的需求更被滿足、約會形式變得多元，而且也體驗到個人有所成長。

採行CNM關係的人，從不強求伴侶要一個人滿足自己的所有需求；他們認為，多重伴侶最大的好處，就是允許不同的人各自滿足他們的不同需求，還能夠有單一交往關係難以涵蓋的多元約會。CNM的另一個顯著優勢，就是能讓個人有所成長——受訪者指出，採行CNM讓他們感到更不受拘束，可以更自在地展現自我、表達性喜好，也更能讓自我成長與發展。研究者指出，儘管單偶關係的人也可能有這些正面體驗，有趣的是，採行CNM關係的人格外強調這三點，或許某程度上可以解釋他們為何會做此選擇。

每當我詢問我的個案為何會進入或考慮嘗試CNM關係時，他們多數人的回答都跟這些研究結果一致。他們主要希望能滿足更多需求、透過多位情人的經歷與活動展現自我，他們對於多重伴侶必然帶來的個人發展也很有興趣。許多人希望透過多位情人獲得或給予更多的愛與支持。除了這些原因之外，很多人還會提到另外三個讓他們進入多重伴侶關係的原因：性的多元性、哲學觀，以及CNM讓他們更能顯露真正的自己。

讓我們先從性這點開始。當有人要向親友說明，或要在公開場合討論多重關係時往往會強調，多重關係不是只跟性有關，重點在於透過擁有多位情人，享受更豐富的愛、支持與連結感。這種陳述固然正確，但對很多人來說，多重伴侶關係確實跟性有些關係——而追求這點沒有錯！人們會想要強調多重關係不是為了性，其實是出於好意，而且這也不難理解，畢竟研究顯示，比起強調愛與情感連結的CNM，大眾普遍更難以接受重視性活動的CNM。[50]我們直覺地會認為，告訴親朋好友自己是為了愛才進入多重關係，可能會比說為了性好一點。我認為，這正展現了這個社會的性否定（sex-negative）態度，很不幸的，這種態度會讓我們對於自己擁有人類的基本需求、欲望與性渴望感到羞恥。有些人確實需要、渴望多元的性生活，但這並不代表他們都是性變態、逃避依附、性愛成癮或玩世不恭。相反地，這代表他們願意正視自己的性需求，接受自己可能具有多元的渴望與表達方式。也有許多情侶彼此相愛、關係融洽，但各自有截然不同的性需求。可能是彼此風格不同，例如一方有特殊的性癖好，或者一方比較喜歡皮繩愉虐戀（BDSM），也可能彼此性快感的來源不同，或者彼此身體上不契合。但很多屬於這類情境的人發現，其實沒有必要只因為兩人在床上渴望的東西不同，就要直接分手、放棄整段對彼此都意義深遠的關係。

基於哲學思想而加入多重伴侶關係的人，通常會經閱讀或研究過單偶制的歷史，以及單偶制如何結合整個父權體制，要宰制女性的「性」，他們認為順應這種關係結構會違背他們的價值觀。相似地，也有人是為了批判傳統的婚姻制度，認為婚姻所展現的社會與文化特權有所不公。他們也認為，單偶制會對共同生活的伴侶施加不切實際的期待與要求，很多情侶都是因此才分手以終。就如同慕爾斯等人研究中的受訪者會質疑，單一伴侶是否真的可能滿足自己的所有需求，這些人也認為，婚姻制度並不是個實際而永續的選擇，不如轉向更適合的多重伴侶關係。

在我採行多重伴侶制的個案身上，我所觀察到的最後一個原因是，CNM讓他們感覺更像自己。對於這些人來說，與其說多重關係是一種生活方式的選擇，不如說是他們表達自我的基本方式。對於他們來說，**多重關係更像是一種自我定位，而不只是一種生活方式選擇**。認同多重關係作為一種生活方式的人，多半都是有意識地選擇進入這種關係；他們通常對於自己的選擇感到自豪，也會努力實踐，但他們的多重關係狀態，會輕易地隨著伴侶、生活狀況或整體環境而變動。認為多重伴侶關係是一種自我定位的人，不會用選擇來描繪這種狀態，而是跟他們的深層自我或本質加以連結。他們常說，最能讓他們做自己的狀態，就是擁有多個愛人或戀人的狀態。有些如此自我定位的人比較幸運，他們從剛開始談戀愛或初嘗性滋味之時，就一直是多重伴侶關係；但也有許多人是花了一段時間，才確立自己的多重關係定位，而且往往是在單偶關係中吃盡苦頭，認為自己一定有什麼問題，所以才會總是對伴侶不忠，或者會覺得自己跟單偶制格格不入。

○合意多重伴侶關係的不同種類

實踐多重伴侶關係的方式有很多種，每個人、每對情侶、每對三人行、四人行或多分子（polycure）*，都各自可以有符合自己定義的多重伴侶關係。就算有人跟我說他們採行的是特定類型，我都還是會問：對「你」來說，你們屬於怎麼樣的關係？CNM關係沒有唯一的正確作法，它不是那種天下眾生、一體適用的方法，而是要讓你「創造專屬於你的關係」；不過，各種不同的CNM實踐方式，在稱呼上還是有一些重要的差異。

每種不同的CNM風格或關係組成，會各自擁有不同的性開放程度、情感投入程度，以及不同類型的關係協議或規則。我依照**情感排他性**（emotional exclusivity）與**性排他性**（sexual exclusivity）為軸，繪製了一種主要的CNM關係組成與風格（見圖4.1）。橫軸是情感排他性，左側為高排他性，右側為低排他性；縱軸是性排他性，上方為高排他性，下方為低排他性。請注意，這兩個軸線並不是理解各種CNM的唯一切入點，請自行選擇對你有幫助的部分即可。另外，雖然我把某些CNM放在圖上某處，但永遠都有例外，屆時大家請自行判斷你們的CNM應該落在何方。

* 譯註：參考《道德浪女》一書之翻譯，指一群因為性或愛而連結在一起的人。

左上象限

單偶關係（Monogamy）：單偶關係位於左上象限，傳統上來說，單偶關係在性和情感上的排他性都很高。儘管有些單偶制伴侶，對於對關係外的人能投入情感的程度確實有些差異，但單偶關係中的伴侶，一般會將彼此視為是唯一的性與情感對象。對於這種關係來說，如果有人跟其他人發生性關係，或者發展深厚的戀情，通常就會被視為偷吃。

差不多一對一（Monogamish）：此詞由性愛專欄作家丹．薩維奇所發明，是指一對伴侶雖然同意彼此之間在多數時候在性與情感上是具排他性的，但偶爾可以例外地跟婚姻外或關係外的第三人發生性關係或玩玩性

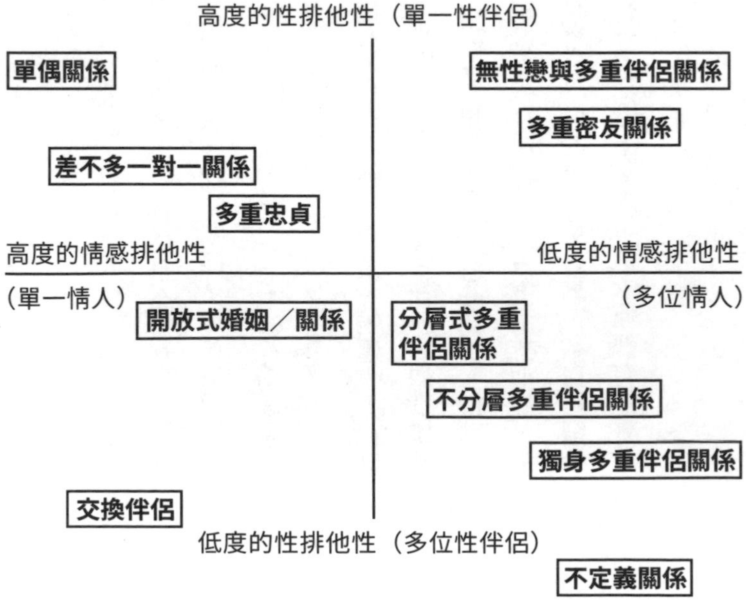

圖4.1｜不同類型的多重伴侶關係

愛遊戲。這些例外可能包括，偶爾來個一夜情、分開旅行時允許跟其他人發生性關係，或者允許在某些類型的活動中和他人親吻。

多重忠貞（Polyfidelity）：由超過兩人以上所組成的封閉式戀愛或性關係，伴侶之間會對彼此忠貞。這種關係可能是由三人或更多人所組成的封閉式團體，不開放外面的人加入，也可能是只有一人擁有多位伴侶，那些伴侶之間沒有交往，也沒有其他的交往對象。

左下象限

交換伴侶（Swinging）：會和其他情侶、個人或團體發生性關係的伴侶關係。這些其他互動的重點就是性，而非戀愛或情感上的親密感；採行交換伴侶的情侶通常會在同一個房間，或在同一個活動中，一起和第三人發生性關係，不會彼此各自分開為之。在我的經驗中，許多採行交換伴侶的人雖然會想跟這些關係對象保持一定程度的連結感，但通常只想投入最小限度的情感，以婚姻或主要伴侶的情感為優先。

開放式婚姻／關係（Open Marriage/Relationship）：關係中的一方或雙方會跟主要伴侶之外的人發生性關係或戀情。開放式關係往往更重視性關係，而會限制情感投入的程度，將原本的主要、雙人關係視為優先。

右下象限

多重伴侶關係（Polyamory）：擁有多位（poly）愛人（amory），且關係中的所有人對於伴侶同時擁有多段感情和性關係都知情且同意。採行多重伴侶關係的人一般更重視相戀的部分，也就是說，之所以會擁有多位伴侶，是因為彼此相愛，而且想要擁有多段深厚的感情。

採行多重伴侶關係的人，又可以依照其階序分層的程度不同，而有不同類型。

分層式多重伴侶關係（Hierarchical Polyamory）：這是多重伴侶關係下的一種類型，會在戀愛關係與性關係之間加以排序，有些關係會被視為比其他關係重要。主要關係是排序中的第一順位，主要伴侶通常會同居、共享資源、一起決定彼此的日常生活安排，讓彼此多數時間可以相伴。分層式關係常會使用主要關係、次要關係、第三關係等術語，來描述不同階層之間的重要性、承諾差別，以及誰有權利訂下關係間的協議。一般而言，會由主要關係來為後續所有關係訂定規則，包括對於特定娛樂或社交活動的限制、特定性交方式的限制，或者規範其他關係可以變得多強、多深或多投入。許多多重關係專家都警告，不要建立權力平衡不對等的層級關係結構，因為居於次要或第三關係的人，對於整段關係若非毫無置喙的餘地，就是會受到情人的伴侶設下的規定所拘束或否決。

《兩人以上》一書的作者富蘭克林．沃克斯和伊芙．李凱爾特，曾經區分了規範性層級（prescriptive hierarchy）與描述性層級（descriptive hierarchy）之間的差異。[51] 在規範性層級中，主要伴侶會預設他們的主要地位不會改變，並且規範所有新出現的關係都是從屬的地位。圖表左下方所有的關係，都算是分層級的合意多重關係，左上象限則屬於規範性層級的關係類型。相較之下，描述性層級就沒有預先設定未來關係的地位，在整個架構中，有些關係會自然地成為主要關係，變得在家務、經濟、情感上都更為緊密，不過對於新人得加入或整個架構的改變，依然維持開放的態度。

不分層多重伴侶關係（Nonhierarchical Polyamory）：在不設定層級階序的狀況下，發展多重伴侶關係。這種關係不會區分主要或次要關係，不會有人因為是同居人，或者在一起的時間比較長，就能享有否決權或其他特權，能夠額外地影響到其他人的關係。所有重要的人都有一席之地，每個人都有發言權，而且每種關係都能夠自然地發展。不分層多重伴侶關係還是可能存在優先次序，例如共同生養孩子，或者同居生活，但整個關係架構還是不支持有權力的高下之分，而且依然賦予關係可以隨時間變化的彈性。

獨身的多重伴侶關係（Solo Polyamory）：一種強調個人能動性的多重伴侶關係。採行這種關係的人，不追求以伴侶為中心的關係，也不追求在財務或家務上緊密相連的關係。如此自我定位的人非常重視自主性、不需經過他人許可就能選擇關係的自由，以及能夠自主決定關係形式的彈性。

人們時常誤以爲，採行獨身多重伴侶關係的人若非對感情比較隨便，就是無法對感情提供承諾，但實際上並非如此。他們可以在情感上非常投入，對於關係也給予極高的承諾，只是他們會拒絕承擔傳統情侶之間的角色，例如同居、開立共同銀行帳戶，或者幫彼此洗衣服——或至少會拒絕將其視為是關係的義務。我認為獨身多重伴侶關係中有個原則，應該是所有人都應該效法的，也就是要成為自己的主要伴侶，並且把你跟自己的關係視為絕對、第一的優先要務。

不定義關係（Relationship Anarchy，又譯關係安那其）：這種CNM幾乎已經完全逸脫出這張圖表了。這個由安迪・諾德格倫在二〇〇六年所發明的詞彙[52]，是將政治領域中描繪無政府、無秩序的「安那其」概念，挪用到人際關係之上。採行不定義關係的人，主張要拆解這個認定性愛與浪漫愛關係優於所有其他形式之愛的社會階序制度，因此他們不太會去區別情人、朋友與生命中其他人之間的重要性或價值排序，而且他們不會只跟有性關係的人發展親密關係或戀情。

右上象限

多重密友關係（Poly Intimates）：與一位伴侶採性排他的關係，但情感上與該位伴侶不排斥的人建立起傳統單偶關係往往會禁止、懷疑或認為是精神出軌的關係。

多重密友關係代表，他們不會只跟有性關係的人擁有程度不一的浪漫與情感親密關係。多重密友可能是沒有性關係的伴侶，他們一起生活、旅行、扶養孩子，或者分享生活大小事，而這些在關係中的投入程度已經超出傳統對友誼的定義。

多重伴侶關係和無性戀（Polyamorous and Asexual）：無性戀不受性愛欲望吸引，也不會與他人發生性關係，但他們對於浪漫關係依然有所渴望，而且確實有些無性戀者會採行多重伴侶關係。

• • •

本章中我想指出，多重伴侶關係並不是一種嶄新的關係型態，不過它確實變得愈來愈普遍。我也根據研究與本身的諮商輔導經驗，分析人們決定採行多重伴侶關係的原因。接著，根據不同關係所具有的性排他性與情感排他性，介紹了人們實踐多重伴侶關係的多種類型。在讀完本章之後，有哪些加入多重伴侶關係的原因讓你有所共鳴？你有沒有其他本章節尚未提及的原因？檢視不同類型的多重伴侶關係時，你對自己或伴侶增加了哪些認識？還有其他方法可以定義你的多重伴侶關係嗎？

CHAPTER 5 依附與多重伴侶關係 Attachment and Nonmonogamy

依附和合意多重伴侶關係的研究文獻相當匱乏，而且依附理論的領域是高度以一對一關係為正統的。多數探討成人戀愛依附的研究，都是以單偶制為基礎，在建議如何建立安全依附時，不是以單偶關係為出發點，就是直接把單偶關係視為必要的前提。慕爾斯、康里、艾德斯坦、丘彼克等人的研究指出，「根據依附理論的預設，一段滿意、健康的關係必然是雙人關係」。[53]依附理論的學者會說，雙人交往關係是成人依附的原型、伴侶間要創造一個「情侶小世界」（couple bubble），才能確保彼此的安全感；他們還會說，你的情人必須是你在情感上依賴的唯一或主要對象。其實即便在單偶關係上，我都覺得這些標準可能有點問題（許多一對一的理想愛情典型，充其量只是彼此依賴而已），但至少我們看到了依附理論的主張與假設，是如何將ＣＮＭ關係的人排除在外。

依附研究者也是用一對一正統預設的角度，思考性與依附之間的關係，而這對採行

ＣＮＭ的人又是一大困擾。過往的依附文獻對於不同依附類型對於性的體驗與感受，確實有許多重要見地[54]，包括認為不同類型會有不同的動機與性體驗，而且這些差異基本上不是壞事，但有某些特定的行為，例如隨意性行為、一夜情、婚外性行為、多重性伴侶、ＢＤＳＭ、偷窺狂、暴露狂，甚至連傳性愛簡訊，依附文獻都會直接將之連結到不安全依附上。當人們依據這些結果繼續推論，認為這些都是多重伴侶關係者會參與的性活動，故多重伴侶關係本身就是一種不安全依附的表現。鄭重澄清，我不這樣認為，而且正如本書的後續內容所述，目前針對ＣＮＭ關係的研究也不支持這種觀點。不過我有很多個案以前的諮商師，都因為把ＣＮＭ跟不安全依附劃上等號，就病理化他們的生活方式與性傾向。不過，真正的關鍵在於要辨別特定性行為背後的動機，而非單看性行為本身。如果有人是為了避免親密關係，所以才追求多重伴侶，或者是在他們感到不安全時，才會透過性來嘗試獲得親密感，這種行為就可以被視為不安全依附的表現。但許多人其實是在非常安全的地方從事這些行為，而且他們的性遊戲，不管是多Ｐ、一夜情、ＢＤＳＭ，都是你情我願、情緒協調、親密與深刻的。

我們剛開始挖掘討論ＣＮＭ與依附的研究時，就發現相關文獻非常有限。我二〇二〇年著手寫這本書時，兩者之間的相關研究也仍屈指可數。就學術觀點來看，這樣的文獻並不足夠。好消息是，迄今為止的幾篇研究確實都顯示，CNM關係者建立安全依附的可能性，與單偶關係者是一樣的。慕爾斯、康里、艾德斯坦、丘彼克等研究者曾調查一千三百多人，想知道單偶關係、交換伴侶、多重伴侶關係中的人，在依附類型上有何差異。[55]結果發現，單偶與CNM關係兩者在焦慮依附程度上沒有差異，而且CNM者的逃避依附程度，比單偶關係來得低；這個結果顯示，在CNM關係中呈現出安全依附特徵的人，甚至可能比單偶關係中的人更多。另外一項針對一百七十九名男同志的小型研究則發現，無論受訪者屬於單偶關係還是多重伴侶關係，他們的依附類型都沒有差別。[56]一篇二〇一四年的博士論文也發現，自我認同為單偶制與多重伴侶制的人，無論是焦慮依附還是逃避依附，都沒有顯著差異。[57]

二〇一九年，慕爾斯、雷恩、丘彼克調查了超過三百五十名多重關係伴侶的依附類型，受訪者當時都至少有兩位戀人。[58]結果發現，所有伴侶全都屬於安全依附，而且有趣的是，與任一位伴侶的不安全依附關係，並不會連結影響到其他段關係的依附表現。就像兒童可以對一位家長發展出安全依附，但對另一位為不安全依附，多重伴侶關係中的成人，也可以各自跟不同的戀人發展出不同的依附類型。儘管目前這些研究的成果頗為正向，但由於缺乏可相互對照的其他研究，CNM與依附依然是既有文獻中的一大空白，也還有許多未解之處。

至於要如何在多重伴侶關係中建立安全依附的文獻，更付之闕如。一些採行多重伴侶關係的部落客與Podcast已開始向觀眾推廣，認識不同的依附類型對於多重伴侶關係通常會有幫助，但也僅止於此。關於如何在CNM關係中建立安全依附，我唯一能夠找到的資料是一篇網路文章，標題為〈安全依附能如何幫助多重關係的伴侶〉，作者為柯林頓・鮑爾[59]。這篇文章的主要客群是需要面對多重伴侶的諮商師，文中引介要如何運用史坦・塔金所開發的「情侶諮商的心理生物學方法」(Psychobiological Approach to Couple Therapy，簡稱PACT)，來與多重關係中的伴侶進行諮商。

PACT是一套具深厚研究基礎的方法，主要目標就是要讓成人戀愛關係能夠以安全的方式運作。鮑爾在文章中舉了個例子，提到一對處於開放式婚姻的異性戀夫妻，由於丈夫和次要伴侶的感情強度持續增加，妻子感到相當焦慮。鮑爾認為，這些痛苦與不安的源頭，來自於這對夫妻並未遵循PACT中為了確保安全運作所設的原則，包括：

- 應該把你的主要關係置於所有其他關係之前。
- 設下明確的關係界線，以維持主要關係的健康。
- 優先和你的主要伴侶提供重要資訊或分享生活大事。

- 妥善管理第三人（在這個案例中，就是那位次要伴侶），確保主要關係的優先地位。
- 永遠不要威脅到主要關係的安全感。
- 要尋求對雙方都有效的方案解決衝突。

每當我在CNM的研討會中分享這些建議時，與會者多半會開始傳出各種不贊同的笑聲，甚至是噓聲。我在提出自己的看法前，通常會先請聽眾分享他們對這些建議的意見。第一個人們會提出的批評就是，這篇文章提倡的是一種階層森嚴的多重伴侶關係，主要伴侶握有比較大的權力，次要伴侶對於關係界線或解決方案完全沒有話語權，即便這些都會直接地影響她的關係。聽眾通常也會不滿這篇文章彷彿預設了CNM關係只有一種，儘管這些建議對於採行分層多重伴侶制或開放式婚姻的人可能會有幫助，但它完全忽略了採行獨身、不分層多重伴侶關係，以及不定義關係的人。如果聽眾中有曾經陪伴多重伴侶個案的資深諮商師，他們通常會補充道，此處的另一個問題在於，夫妻兩人所操作的多重伴侶關係並不相同（妻子偏好開放式婚姻，但丈夫更偏向多重伴侶關係），而且這篇文章還鼓勵在雙方沒有好好討論之前，直接採取妻子而非丈夫的作法。

除了這些回饋之外，我對這篇文章的主要批評是，它太依賴用關係的結構來保護安全依附，而不是透過強化伴侶間的關係品質來做到這點。當我們過度依賴關係的結構，不管是單偶關係，還是分層式的多重伴侶關係，我們就很容易忘記安全依附的重點在於，我們要如何穩定地回應、共感彼此，而不在於整個結構或階序的設定。**安全依附是透過伴侶關係的品質而生，不會因為結婚或成為主要伴侶的概念或事實就出現。**討論愛情、婚姻、主要伴侶關係、如何實現安全依附關係的主流論述實在太強，以至於我們時常以為，只要自己處於這些關係中就已經是安全依附了——即便實際上並不然。我們經常假設，關係擁有更穩固的結構，就能帶來更多的安全感。儘管有時確實如此沒錯，但隨著離婚率與出軌率的節節攀升，我們已經知道，通常被視為關係安全頂點的單偶制婚姻，未必真比其他形式的關係安全。已經互許終身、共結連理的人，跟枕邊人的心理距離依然可能是千山萬水之隔。已經將彼此視為主要伴侶的兩人，依然可能感覺自己遭到忽視，即使雙方理論上確實擁有否決其他伴侶的權力，或者可以優先和彼此共度假期。關係的結構並不能保證情感上的安全。

我曾遇到許多伴侶，會訴諸彼此已有共同帳戶、結婚、一起經營事業、合買房產，甚至是訂婚戒指克拉數的種種事實，作為衡量個人與關係安全感的標準。雖然這些彰顯體制性關係安全的行為確實可以被視為是承諾的象徵，而且確實能讓關係中的一方很難恣意轉身離開，但這些全都無法保證在感情層次中，必然會出現互相理解、實際陪伴、回應迅速等能夠促進安全依附的要素。如果你的關係出現下列徵兆，可能代表你主要是透過關係的結構，而非關係的情感面，來獲得依附感與安全感：

- 理論上來說，你知道你的伴侶愛你，也願意對你、對婚姻、對你的家人給予承諾，但你個人沒有感受到自己被珍惜、重視或疼愛。
- 你和伴侶之間有很多體制層面的承諾，但缺乏情感上或性愛上的親密關係（而且你們之中有人不能接受這點）。
- 當你向配偶或伴侶要求更多時間或感情投入時，他們會進入防備狀態，並透過強調他們在事業、財務、家務上的付出，作為展現承諾的象徵。
- 即使你們住在一起或經常在彼此身邊，你在關係中還是常常感到孤單。
- 你或你的伴侶很受性別刻板印象的影響，會更容忍或更壓抑特定的情感或性別表現，例如「男人都這樣」，或者「反正女人不都那樣」。
- 在這段關係中，婚姻的理想、家庭等更大的目標，已經變得比你們彼此的相處經驗更為重要。
- 你們已經結婚，或者處於主要伴侶關係之中，但你總覺得自己是配偶或伴侶分配時間、分享情緒與關心的最後順位。

• 你知道你的伴侶對你很忠誠，但你不確定他是否真的喜歡、享受跟你相處。

如果你遭遇到上述的任何一種情況，我都會建議你的伴侶（單數或多數）要強化你們在安全依附上的情感連結，這部分我將在本書的第三部分中說明。下一章我則要討論，當人們透過關係結構來建立安全感，會有哪些危險。

一旦這個結構有所改變，不管是直接開放原有的單偶關係，還是先轉換到沒那麼分層的CNM，都可能會使過往那些透過關係結構所生的人為或虛假的安全感無所遁形。我並不是要大家廢除所有的關係階序，或者停用你們的共同帳戶，而是希望大家透過關係的互動經驗來建立安全依附，而非依賴關係的結構。要讓你和伴侶之間的直接互動成為安全依附的載具，而非靠關係的概念、論述或結構。在透過直接經歷建立安全依附之後，我們還是會想追求一些關係上的結構、目標或里程碑，但那些想要定義、鞏固或確定彼此狀態的迫切感可以被緩和，並且讓一切都能夠自然、有機地發生。

關於依附和合意多重伴侶關係的研究資源，目前仍不多見，整個領域還在萌芽階段。我相信，隨著人們對於多重伴侶關係的認識與接受程度愈來愈多，未來將會有更多研究與資源持續湧現，但對於多數人來說，進展可能會有些緩不濟急。本書的第三部分將要引導你認識安全運作的不同要素，讓你能夠不再透過關係結構，而是透過個人行為，讓你在各種類型的CNM關係中嘗試建立多重安全的感受。

CHAPTER

6

依附在合意多重伴侶關係中的重要性

The Importance of Attachment in Consensual Nonmonogamy

讓我先開門見山地說：同時和多位戀人建立安全依附是可能的。實際上，那正是讓CNM關係得以健康茁壯的必要任務——但讓我們晚點再回到這點。就像兒童可以和多個對象建立依附一般，成人當然也能夠和多人建立安全的依附關係。當多重關係能夠以安全的方式運作，多位伴侶間就能夠順暢地溝通、相互信任、遵守彼此的協議，還可以討論想要做出的改變；他們更能對其他伴侶展現同樂（compersion）之愛，更能尊重伴侶的情人（metamours），雖然他們不時還是會有嫉妒或欽羨的感受，但可以透過彼此的支持度過這些情緒。嫉妒感的出現，將會成為釐清思緒、情感交流的機會，也不會耗損伴侶之間的感情。在多重關係中建立起安全依附的人常向我表示，他們承認多重關係真的需要經營，而且沒那麼容易（關係中人數愈多，複雜性就會愈高，行程也會變得更難安排），但他們也提到安全依附能夠讓他們在關係中穿梭時，內心深處依然感到輕鬆自在。安全依附讓人更能夠享受多重關係下的伴侶關係與生活狀態。

和這些個案的工作經驗讓我學到很多，包括為什麼透過依附的角度認識CNM關係很重要，以及可以怎麼做。當來找我諮商的CNM個案變多後，我開始注意到有兩種完全相反的陣營類型：一邊的關係多數時候都相當強健茁壯，另一邊的關係則幾乎已要枯萎。對於關係已經相當茁壯的那些人，諮商期多半很短。他們通常剛踏入這種新的關係典範，來請我提供協助、引導跟諮詢意見，也通常很快就會表示，他們的目標已經達成，他們可以用更適合的方式經營關係，並且心滿意足地繼續這趟多重關係的旅程。每隔幾個月，他們甚至還會寄簡訊或e-mail給我，附上整個多分子齊聚一堂的微笑合照（不開玩笑！）。當然，如果因為分手、擔心感染性病、出現未知的多重關係狀況，或者因為關係進程有些變化，他們偶爾還是會需要尋求治療或諮商，不過整體而言，他們的多重關係運作地相當順暢。他們都認為自己很有安全感，我也認為他們確實是以非常安全的方式處理他們之間的多重伴侶關係，包括伴侶之間，也包括伴侶的情人之間。

這種能夠和多位伴侶一起茁壯成長的狀態，我稱為「多重安全狀態」（polysecure）——這些人既能夠安全依附多位戀人，也擁有充足的內在安全感，能夠從容面對多重伴侶關係本質上的不穩結構，以及擁有多位伴侶與他們的情人可能帶來的複雜性與不確定性。更簡要來說，多重安全狀態代表你和你自己與多位伴侶之間，都屬於安全依附的關係。處於多重安全狀態的人，不管是對自己還是對他人，都是以安全的方式運作，我將在第三部分中詳述這兩個面向。

儘管有些人確實能很快達到多重安全的狀態，但大多數人無法。我所有個案當然期盼和自己、和多位伴侶都是安全依附的關係，但現實的多重伴侶關係往往太過複雜、痛苦、戲劇化、令人困惑，甚至可能造成創傷。許多人轉換到多重關係後，反而感受到強烈的多重不安。我有些個案的CNM困擾，其實反映的是過往他們在單偶關係中所遇到的挑戰，但許多人卻非常震驚，因為同樣的挑戰到了多重關係中，卻變得截然不同。很多從單偶過渡到多重伴侶的情侶，過往的關係都非常健康安全，所以他們無法理解，明明已經很努力溝通、努力地愛，為什麼現在還會出現這麼多溝通問題、誤解與爭執。也有人提到，彼此的關係好像開始崩解。很多人在轉換到多重伴侶關係的過渡階段（無論是自己還是與伴侶一起），出現了他們以前從未經歷過的不安全感、焦慮，甚至是恐慌症發作等狀況。人們常對我說，雖然他們理智上成為多重關係中的伴侶，但情感上卻沒那麼篤定，因為他們感覺自己快抓狂了。

處於過渡階段的人，也可能會發現自己沒有得到朋友、家人或社群的支持。有時候，就連很親近的人，甚至是治療師，都會建議他們不如放棄掙扎，回到單偶關係。

這些伴侶通常會聽到這樣的建議：「嗯，如果多重伴侶關係對你自己或對感情來說都更痛苦，不如直接回到單偶關係，這樣一切都會好轉的。」

我認為，跟過渡階段遭遇困難的人說，多重伴侶關係太難了，不如回歸單偶關係吧，就像是對因為育兒而睡不飽、無法休息的新手父母說，以前沒生孩子都沒有這些問題，乾脆把孩子塞回去吧。這個譬喻可能乍看荒謬，畢竟你不可能真的把孩子塞回去，但這是正在努力轉換的人，尤其是將多重關係視為自我定位（不只是一種生活方式）的人，在聽到這些建言時會有的感受。我們都知道，當有人初為人父母時遇到問題，不能直接要他們把孩子送走；我們也都知道，當有女同志、男同志、雙性戀、跨性別等族群經歷認同困擾時，不能要他們乾脆回去當異性戀，或回到他們的生物性別，畢竟在這個性別二元化的世界中，身為LGBT實在太難了。但碰到CNM的困擾，我們好心的親朋好友與專業工作者，儘管未必很瞭解其真正內涵，卻總是馬上將矛頭指向它。如果人們擔心，一旦這對情侶開放關係，勢必會走向分手或離婚的結局，就更容易產生這種心態。即使有很多情侶在打開關係後仍然繼續交往，也確實有很多人最後分手，但這些關係之所以結束，並不是因為CNM本身，而是因為人們經歷了一次極為重大的關係典範變化，而這些變化勢必會帶來衝擊。

當人們要從單偶過渡到非單偶，代表他們的世界觀正發生巨大的變化。無論是愛、戀情、性、伴侶關係、家庭的各個面向，全都跟主流的單偶關係典範大相逕庭，具有一整套完全不同的關係期待、實踐、行為準則、語言。**解構你身上的單偶關係，代表要同時挑戰你過往慣行、篤信的各種信念與行為模式**，是件非常艱鉅的任務。研究改變的科學文獻告訴我們，要打破既有習慣、重塑新的信念，並在嶄新情境下融入不同的典範，需要花費極大的心力，而且耗日費時。對於把多重伴侶關係視為自我定位的人，過渡也許更像是返鄉回家一樣自在，但儘管如此，他們心中可能還是內化了許多恐多重伴侶（polyphobia）的價值，必須破除。

此外，一起從單偶過渡到非單偶的伴侶，除了會經歷自我的解構與重建，關係也會。如果已經以單偶伴侶的狀態共同生活了幾年或數十年，這樣的改變更是格外辛苦，並不是每對情侶都能從中生還。關係典範的轉移，將會暴露關係中所有醞釀已久的問題，這些隱而不談的問題終究會讓感情告吹，過渡到多重關係只不過是加快了整個進程。就算是一段相當健康穩定的關係，關係典範轉移的經歷，也可能讓關係中的一方或雙方都發生變化，進而不想繼續原本的感情。也有一些很想跟彼此繼續的伴侶，由於在典範轉移過程中缺乏適當的協助，兩人節節敗退，最終失去彼此。

在過去幾年間，協助人們過渡到多重關係的資源變得愈來愈多。這些素材主要側重於協助人們尋找最適合自己的CNM類型、如何設定關係協議、如何安全地從事性行為、如何溝通、如何管理嫉妒。儘管這些面向都非常重要，也是讓多重關係順暢運作的基礎，但還是有很多人因為關係協議失敗、溝通失靈、難以克服熊熊妒火而來找我求助。通常只要經過幾次會談，我們就會發現問題的根本不在這些，而是因為過渡與轉變引起了更深層的其他挑戰。造成痛苦的真正肇因，並不是多重關係本身，而是人們在缺乏海圖的狀況下出航，企圖抵達典範的另一端。

在我的演講「從單偶過渡到多重關係的伴侶」中，我會提出在從單偶到多重伴侶關係的典範轉移中，會出現以下六個挑戰（這些挑戰也適用於轉換不同CNM類型的人，例如從交換伴侶、開放式關係，轉換到多重伴侶關係的人，亦特別適用於要從分層式轉換到不分層或獨身多重伴侶關係的人）：

1 **對典範轉移有所抗拒**。雖然想要改變關係結構，但實際上並不希望關係本身因為典範轉移而有所改變或成長。

2 **技巧不足**。由於在單偶情境能夠維持關係健康與滿意度的技巧與能力，在進入多重伴侶情境後變得不足，以至於人們發現自己在新的典範中，無法充分地維持關係的健康、幸福感和順暢運作。

3 **在轉換之前，伴侶之間不曾健康地與彼此分離**。大部分的單偶戀情理想，都很崇尚情人彼此相互依賴，在打開關係之前，這種相互依賴可能是隱形的，也可能非常有效。大眾和文化普遍認為，伴侶讓你變得完整、你的認同會跟伴侶相融，或者認為伴侶應該是你生命中帶給你意義感、愛與幸福感的主要源頭。然而，真正的親密感不是來自兩人成天形影不離，而是來自於兩個獨立的個體，敞開心胸、分享彼此。如果在形影不離的狀況下採行多重伴侶關係，可能會對你或對任何想和你約會的人帶來困難。

4 **一方將多重伴侶關係視為自我定位，一方將其視為一種生活方式的選擇**。對CNM的看法不同，通常會讓人選擇、靠近不同的CNM類型，也會產生很多衝突、傷害和誤會。

5 **典範轉移使個人自我覺醒**，發現許多過往自己從未表達過或從未搞清楚的事，而這些變化有機會顛覆伴侶之間的世界與關係。人們不但會意識到自己對多重伴侶關係的渴望與取向，也會開始覺察到自己的性欲望、認同感，或者過往被否認、放逐、渾然未察的壓迫。

6 過渡到多重伴侶關係引發了重大的依附危機。

根據我的經驗，如果能夠辨認出前四項挑戰的存在，問題通常都還容易解決；但最後的兩項挑戰比較複雜，通常需要花費更多心力與時間處理。其中，第五點涉及你在歷經自我覺醒時要如何自我恢復與重建（我將過程稱為「解構危機」），這部分已經超出本書篇幅可及，因為本書的重點在於第六點，也就是從單偶過渡到非單偶關係，將如何影響我們的依附表現。

我注意到，踏入多重關係後人們情感依附的改變（以及過往所受的不安全依附創傷），往往是造成CNM關係困擾的基礎。以不安全依附的方式進入這個模式，以及轉移所帶來的不安全依附感，都會嚴重破壞人們的自我意識，以及他們內在與外在的安全感，令人感到難以承受、無法繼續下去。在過渡到多重伴侶關係時，我們的依附系統可能會經歷很多不同挑戰，釐清你的依附挑戰何來，是療癒過程中重要的一步，因為唯有從根源下手，才能讓你擺脫多重不安全感，進入到多重安全感的狀態。就我觀察，CNM中出現依附斷裂的方式如下：

踏入CNM，使你自身的不安全依附現形。

對某些人來說，單偶關係是真正安全依附的替代品。由於我們深諳單偶關係的規則與結構，常常只需要回到關係的結構，就能夠為關係帶來一種安全感，光是性與情感的專屬地位、口頭承諾、結婚等事實，就足以讓一些人在關係中獲得安全感。當他們進入多重伴侶關係，過往結構消弭之後，他們真正的不安全依附就會現形。在這類案例中，因為有單偶關係作為屏障，他們過去並不需要直視自己的不安全依附歷史，他們也許約略有意識到這點，但穩固的單偶伴侶關係足以緩解他們的不安全依附感。而一旦這層單偶關係的保護膜被揭開，他們就會瞬間被自己的痛苦過往吞噬，同時被迫意識到，原來自己過往一直是靠著單偶關係才得以產生安全感。

單偶關係也可能會成為個人不安全感的屏障，這些不安全感未必跟個人依附有關，可能是跟人際創傷或文化創傷有關，或者跟我們對於事業成就、外貌、智識能力、好感度等焦慮有關。這些不安全感在我們有穩定交往對象或結婚後，仍可能不時浮現，但只要我們知道，自己有個可以廝守終生的人，即使我年華老去、身材走樣、內衣泛黃，都還是會一直愛我、陪著我、跟我在一起的人——那些不安全感就會相形失色。在這類案例中，我們的自信心與自我價值，全都取決於伴侶對這段單偶關係的承諾之上，而不是我們個人的內在。如果人們的自信奠基於這種專屬終生伴侶的狀態，踏入多重伴侶關係就可能會讓所有的個人不安全感瞬間爆炸，各種痛苦、恐懼、威脅感將會持續浮現，無法思考與他人約會對於自己或伴侶的意義究竟為何。

如果你遭遇下列情況，或許代表轉換到CNM讓你的不安全依附現形了：

- 雖然你理智上想要進入多重伴侶關係，但你在情感上難以適應。
- 儘管你的伴侶能夠確實滿足你對關係的需求，你也知道你對他們來說非常重要，但只要伴侶去和其他情人相處（之前、之中、之後），你就會感到極度的焦慮，或者你會開始退後，以自我保護。
- 理智上，你希望能夠產生同樂的感受，衷心喜歡伴侶跟其他人玩得愉快，但你忍不住一直認為，伴侶之所以跟別人在一起很快樂，是因為你自己有所不足。
- 關係開放後，你就被許多童年經歷或過往的創傷所淹沒。
- 關係開放後，你開始意識到自己其實在情緒或關係上有逃避或依賴的行為模式。
- 關係開放後，確實可能讓關係中的不安全依附無所遁形。

就像單偶關係可以減輕個人不安全依附感一樣，它也可能遮掩關係的不安全依附感。一起開放關係的伴侶，通常都認為彼此的關係是健康、安全的，但隨著單偶關係結構的瓦解，許多過往不用面對的問題開始浮現，很多過往能夠被忽略或容忍的問題，也變得必須處理。無論是前述的哪種情形，人們都是依賴關係的結構獲得安全感，而不是藉由他們與伴侶的直接、實際互動經驗；因此，只要關係結構瓦解，各種關係運作失靈的問題就會迎面而來。

CNM關係具有不安全的本質。

在單偶關係中，安全感是明顯的配備，但多重伴侶關係不然，其關係結構本身就蘊藏著不安全的特質。在多重關係中，我們不會因為知道伴侶視我們為他此生唯一的摯愛，而產生安全感。在多重關係中，我們可能不是伴侶尋求慰藉的第一人，也可能不是唯一一人，亦可能不是他們說晚安的最後一人。在多重關係中，很難出現兩個都單身、可以共創新生活的人相遇；相反地，我們通常會需要先釐清這位新的伴侶，已有哪些關係結構、給予過哪些承諾。此外，在多重關係中，我們等於是允許新人為我們或我們的伴侶改變遊戲規則。當然，單偶關係中也會有這種情況，但在多重關係中，我們是「有意識地」要對更多、更不同的人敞開身心，允許他們用我們所無法預料的方式撼動既有的關係。另外一個重要的差異在於，多重關係並不享有社會為單偶伴侶所創造的所有文化與制度性支持。

CNM中的不安全本質其實可能是件「好事」，因為它能避免我們像單偶關係常見的那樣，把伴侶視為理所當然，或者對關係感到自滿。就我個人而言，處於多重關係時，我發現伴侶之所以跟我在一起，不是因為他們有義務這樣做，而是因為他們選擇繼續這麼做。然而，這種不安全本質也可能讓人覺得有些如坐針氈。這種形式會提高關係中的不確定性，很多人可能無法承受，尤其是內在安全依附不足的人。為了跟多位伴侶建立永續的健康關係，學會如何在多重關係中建立多重安全狀態、培養你個人的安全依附與平靜感，至關重要。

擁有多位伴侶可能強化不安全依附的狀況。

現代人的生活多半非常複雜，行程滿檔，維持生活水準的基本工作也已遠遠超越以往。許多人在生活中必須身兼多職，要經營事業、工作上班、照顧孩子、維持身體健康、養房養車、跟親友聯繫、在社團或社群內保持活躍、回覆e-mail、要一直掛在線上；而且我們還得花時間照顧自己的身心靈，要健身、玩樂、個人成長、冥想、狂歡，或者到大自然中靜一靜。我們的經濟生活也已經改變，對於很多人來說，一份薪水要養活自己已經勉強，更別提養家。在我列完這份生活清單後，我實在很訝異到底誰還有時間去建立一段安全的依附關係。建立和維繫安全依附非常耗時，研究顯示，嬰兒需要長達七個月的時間，才能對照顧者建立起穩固的依附，而對於成人來說，大約需要兩年，一段基於依附的戀情才能夠真正穩固下來。[60]因此，雖然你可能瞬間墜入情網，但要建立一段基於信任的實際關係、要在不同情境與對方相處、深入理解彼此、建立安全依附，都需要時間。

在此我想強調一點，這點我們後續也會再次提到，在CNM中，並不是所有的關係都會以依附為基礎。安全的交往關係跟建立安全依附關係是不同的。安全的交往關係是指，即使我們沒有每天或固定跟這些人或伴侶聯繫，當我們見面時，就宛如昨日。這種人際連結很安全，而且對我們來說也可能意義非凡，但未必是我們需要定期經營或注意的關係。在CNM中，這種連結就像是我們會稱為「彗星」「衛星」「隨意」的伴侶。可能是我們一年會在特殊場合上見到幾次的人，也可能是我們平時互動比較少的遠距離關係。安全的依附關係，則會具有一致性與可靠性，理解、回應、陪伴彼此的頻率比較高，是我們有需要時會優先求助的對象，當我們受傷、感到威脅、需要支持或安慰時，會想要找的人。他們也會是我們樂於分享最新消息或新發現的人。心理學家蘇・強森曾提出三個問題，簡要說明了我們在依附關係中的三個追求：「你的陪伴是否可得？你是否回應迅速？你的情感是否投入？」[61]

我認為CNM關係中有個常見現象，跟依附較為相關：當伴侶開始花較多時間跟別人相處時，就會創造讓不安全依附感出現的條件。正如第一章所述，讓孩子發展出焦慮依附的主因，就是主要照顧者提供的愛並不一致——確實有愛，但不穩定。在多重關係中，當約會的對象變多、進入新的關係，或者跟別人發展出新的關係能量，他們可能就較不常待在原伴侶的身邊，回應變慢，情緒投入也變低。儘管伴侶變多或特定感情升溫的人，可能無意減少對其他伴侶的付出（通常他們都覺得自己應付得來），但人的時間有限，每週能安排的約會之夜是固定的，你能夠同時傳訊息的人數也有上限，同樣的時間如果要分配給更多人，勢必就會為其他伴侶創造不安全的條件。無論有意或無意，對於原本以依附為基礎的關係來說，出現新歡的人勢必會變得更不一致、更難預測，更難待在原伴侶身邊。

分到較少時間和注意力的伴侶，此時通常會開始感到不安、焦慮或憤怒，也可能會提出抗議，當他們表達不滿時，由於伴侶已經不若以往那樣總是在場、可得、心靈相通，最後會得到的回覆往往會是他們嫉妒心太強，或者太過黏人。不過，這些抗議其實是依附系統在偵測異常時，為了導正方向而會做出的健康回應，是我們的身體要提醒我們，有些重要需求並未獲得滿足。伴侶感到被冷落、被拋下、不再受重視時所產生的不安全感，未必是嫉妒的表現。相反地，是因為他們發現自己周遭環境與關係，沒有像往常那樣滿足他們的依附需求，促使他們採取比較激化的焦慮型依附。有時候，只需要讓不夠投入的伴侶知道發生了什麼事情，就可讓對方重新投入；有時候，可能會需要改變策略，比如降低關係的飽和程度、多陪陪每位伴侶，否則就需要重新協商每段關係所需要的投入與承諾程度。

多重伴侶關係也可能會創造讓混亂型依附出現的狀況。當多重關係的運作不合乎道德、有人受制於他人的否決權或別人所制定的決定與界線，或者有人反覆破壞關係協議或安全性行為的規範時，我們的安全感就可能備感威脅，進而出現嚴重的功能失調與破壞。在任何關係中，無論是單偶還是多重伴侶，虐待、忽視、侵略、暴力、操縱、控制或情感操縱（gaslighting，又譯煤氣燈操縱），也可能導致恐懼逃避型的依附，因為你深愛與信任的人，同時也令你害怕，無法真心信任。

產生混亂依附的情境並非CNM獨有，但我確實觀察到它在CNM出現特殊的變形。對於許多初從單偶關係踏入多重關係的伴侶來說，尤其容易迷失方向，他們以往習慣透過彼此的安慰與支持，來緩解痛苦，但隨著關係持續發展，伴侶與其他人的作為（就算是事前同意也合乎道德的行為），卻會成為痛苦的來源，對情感造成威脅。原本的伴侶現在成為引發強烈恐懼和不安全感的源頭，進而使他們陷入矛盾的混亂兩難處境，想要尋求撫慰與安全感的人，卻正是觸發威脅本能反應的人。

儘管雙方事前都同意，伴侶也確實在雙方協議範圍內行動，並未踰矩，但對於原本的伴侶來說，他們的主要依附對象缺席、不可及，可能還正在跟別人發展親密時光——這些全部都是會被神經系統視為重大威脅的狀態。此時，他們會陷入既想靠近、又想遠離對方的處境，兩人依附關係的基礎開始動搖，人們也可能開始做出有害彼此、破壞關係的事情。一旦出現這種狀況，我建議向專業求助，以重塑關係內部與關係外部的安全性。

CNM可能刺激依附系統，使其進入原始的恐慌狀態。

從依附的角度來看，人必須與他人建立聯繫才能生存，因此我們的神經系統會將情感連結視為安全狀態，將情感斷裂視為危險和威脅。涉及依附的威脅包括：失去依附對象的風險、與他們分離，或者和他們失聯太久（超過我們習慣的時間間隔）。這些威脅不需要是真的，就算只是理論上或象徵性的存在，就足以對依附系統帶來刺激，產生依附困擾與「原始恐慌」（primal panic）。蘇．強森就表示：

當依附連結遭到威脅，或安全的情感連結斷裂時，分離困擾就會出現。視活動類型與面向的不同，人們會產生不同類型的情感連結，這些連結出現斷裂，都可能讓人苦惱。但這種苦惱的強度與重要程度，遠遠不及依附連結遭到威脅時會產生的反應。在情感上與身體上和依附對象分離，對人類來說，本質上就是一種創傷，它是一種高強度的感受，不只是會帶來脆弱感、危險感，也會使人徬徨無助。[62]

我的許多個案都說，當他們的伴侶要去和他人約會前，他們常會感到異常焦慮，有時持續幾小時，有時長達數日；其他人則說，焦慮感會在對方出外約會的當下急速暴增。他們理智上都很清楚，伴侶沒有生命危險、沒有拋下他們、沒有做錯任何事，但他們的身體與情緒卻依然困在原始恐慌之中。嫉妒這個概念無法準確充分地描繪這些伴侶的痛苦。如果錯誤地把原始依附恐慌歸為嫉妒，有此感受的人就會認為都是自己有問題、應該靠自己解決、是他們不夠投入CNM，他們也可能會出現自我毀滅的行為，想讓自己分心，或者飲酒、用藥，讓自己感覺比較舒服，卻沒有解決根本問題。這些痛苦也可能加劇，發展成恐慌症、精神崩潰、情緒失控，讓伴侶之間反目成仇，或者陷入所有當事人都難以處理的棘手處境。然而，如果人們能看出這是原始恐慌的反應，知道它跟依附需求有關，就會知道只要能學會如何自我撫慰，並且只要能和伴侶攜手面對，就可能開闢出一條新的道路繼續前行。

各方的依附期待可能不相符。

如前所述，不是所有關係都得奠基於依附之上，不過在理想狀況下，所有當事人對這點應該都要有一致共識。當一方希望某段關係能滿足依附需求，但另一方不同意這樣的參與程度，或者一方理智上希望關係有依附基礎，但實務上或情感上無法做到，往往就會產生很多痛苦與困惑的狀況。當一方因為伴侶的表現曖昧，或者因為伴侶給予的回應、支持、陪伴不穩定而陷入焦慮依附時，確定他們是否期待這位伴侶成為依附對象是很重要的。如果是，他們就應該要和伴侶討論這點，確認對方是否也想成為這個角色，並且誠實地評估對方的時間、能力、生活、其他關係中的空間，是否真的可能讓他們負擔達到多重安全關係所需要投入的程度。

有些人不喜歡定義他們的關係，偏好在沒有標籤或傳統期待的狀況下探索和體驗感情。只要這種模糊性或流動性適合關係中的所有人，這就是一種自由而滿意的交往方式，但如果有人將伴侶視為依附對象，對方卻不能或不願意承擔這個角色，此時關係中就會萌生大量的痛苦、沮喪、失望、心痛、依附焦慮。在單偶關係中，若雙方對安全依附的程度想像不同，或者若有一方不能或不願意安全地運作，這段關係通常會結束（或者繼續一起受苦），如果是發生在多重伴侶關係中，就未必需要如此。多重關係擁有更大的彈性與協商空間，允許伴侶討論彼此想要多大程度的親密、連結與參與度。就我觀察，只要人們能先確認彼此是否要追求基於依附的關係，大家就能夠更明確地定義彼此，究竟屬於什麼關係、哪些作法可行，這樣大家才能夠接受與理解彼此的關係，而不必放手。當然，就算關係不是以依附為基礎，也不代表伴侶的依附需求就完全不需要被回應，但知道這段關係未必需要滿足這部分，可能減輕所有人的負擔，而且也是讓大家得以尋找和建立下一段關係的重要步驟。

如果你的CNM關係未注意到你的依附需求，可能會出現下列徵兆：

- 當你需要時，你伴侶卻未必都在。
- 你的伴侶會忽略你的訊息、e-mail或來電，或者回覆狀況不穩定。
- 你的伴侶忽略你說想要共度時光的明確要求，或者雖然他們都說也想和你相處，但從未做到。
- 伴侶的所作所為，讓你懷疑自己是否真的被他接受、重視或珍惜。
- 伴侶跟你分享他自己、其他伴侶或性活動的資訊前後不一。
- 你們的關係或性愛協議正在遭受破壞。
- 你的伴侶會以其他伴侶作為自己行為的藉口。

- 你的伴侶會批評、防衛、輕視或拒絕溝通。
- 你的感受、需求或意見不被聽見，或者沒有分量。
- 儘管伴侶一直跟你說他們在乎你，或者關係沒有分層級，但其他伴侶獲得比較好的對待。
- 你的伴侶透過文字總熱情洋溢，但面對面時的口語表達或行為讓你感到不適。
- 你付出的比你獲得的多。
- 你被要求對關係保密，或者得在人前撒謊。
- 你從伴侶本人獲得的重要資訊，比你從他的情人那邊得到的還要少很多。

CNM可能帶來新的依附斷裂。

過渡到多重伴侶關係典範之後，會需要放下單偶關係的特權與方向指南。行走在一個不很理解、尊重或贊同自己的世界，進入多重伴侶關係的人必須在缺乏明確指引的狀況下，釐清應該如何合乎道德地擁有多位愛人。無論是預料之內還是之外，失去單偶關係的特權與明確的方向指引，都很容易帶來新的依附斷裂與創傷；而且在依附和創傷的嵌套模型中，每個層次都可能發生這種斷裂。以下是人們在採行多重關係時，可能感受到的不同種壓力、創傷和依附斷裂。有些感受比較細緻，其痛苦根源主要來自不同層次的壓力積累，但也有些感受明顯屬於壓迫、創傷或依附傷害。此處所分享的例子，主要根據我個人與工作上對CNM的認識、其他研究多重伴侶關係的心理健康工作者，以及學者伊莉莎白・謝夫針對多重關係與家庭的多年研究。[63]她曾指出：

> 歧視即對特定少數族群所採取的傷害行動，而反多重伴侶（anti-poly）的歧視有許多不同形式。根據我過去二十年間，針對有孩子的多重伴侶家庭所做的研究數據，可以彙整出多重伴侶的人曾經遇到哪些歧視。必須要先特別強調，研究中有很多人都表示，他們的經驗非常正面——一些人的家裡非常支持，對於他們、他們的伴侶、伴侶的情人也都溫暖相待；一些人的朋友非常相挺，衷心歡迎他們所組成的新家庭與新成員；一些人提到，自己的上司曾經邀請多分子中的所有人去參加員工節慶餐會。相較於生活在保守或鄉村地區的人，住在都會地區，尤其是立場比較開明的州，回報遭歧視的經驗比較少。多數受訪者為中產階級白人，沒有特別提到自己曾遭受種族或階級歧視，但確實有屬於少數族裔的受訪者擔心，多重伴侶關係可能會讓種族主義既有的挑戰變得更棘手。[64]

我看過很多人因為採行多重關係，而改善了家人、朋友、工作之間的關係，也有很多人因為多重關係，透過與伴侶、伴侶的情人跟其他新型態的朋友、家人之間的互動，出現很多過往意想不到的正面經驗。儘管如此，我碰到的每個人，只要是公開採行多重關係，都曾經因為這種生活方式或自我定位，而遭他人評斷、批評、拒絕、歧視過。不同經驗之間的嚴重性與衝擊可能差異很大，而我們千萬不能忽略多重關係與其他邊緣特質的交織性（intersectionality）。我們可以利用「依附和創傷的嵌套模型」為框架，看見個中差異，以及它們在不同層次的可能影響。

透過依附和創傷的嵌套模型檢視採行CNM的人

自我層次

意識到自己是多重伴侶傾向的人，跟LGBT可能會有非常相似的出櫃過程。儘管建立起這種自我定位與認知，可能讓人因為更認識自己而有所頓悟、感到解脫，但出櫃過程卻仍會帶來巨大的痛苦和困惑。不管是將多重伴侶關係視為自我定位還是生活方式的選擇，解構單偶關係都是個自我還原的過程，而且對每個人來說都不容易。當我們意識到自己已經深刻內化了單偶愛情的信仰，自己的選擇與行為也都受其影響，可能會感到有些後悔或羞恥。這個過程也可能會讓人開始自我懷疑，不確定現在自己適合什麼，也不再確定何謂真實，何謂完整。如果無法依靠自我獲得內在的安全感，人們就可能陷入泥淖、迷失方向，也無力應付或面對這些認同危機、「靈魂暗夜」*與澈底的自我改造工程。

關係層次

關係層次的創傷和依附斷裂可能在下列情境中出現：

- 由於你跨入多重伴侶關係，而使得你的婚姻或感情瓦解。
- 你和你的伴侶攜手過渡到CNM，雖然你很高興，但你也感受到屬於你們兩人的那段過往已不復返。即使你們可能還在交往，但關係已經有所不同，你很常因為兩人關係已成往事感到悲傷，也很常因為過往所設想的兩人甜蜜未來不再而感到失落。
- 你向親友出櫃，但卻因而體驗到失去、遭到拒絕、遭到疏遠、被反覆批評的感受。

* 譯註：「靈魂暗夜」（Dark Night of the Soul）一語，來自十六世紀的西班牙神祕主義者和詩人聖約翰十字若望（St. John of the Cross）所寫的一首詩，後經多位詩人、作家的轉引、挪用，多用來形容人們心靈所陷入的一段深沉、黑暗時期。

- 親友開始跟你保持距離，或者不想要你和他們的配偶或孩子獨處，只因為你採行多重關係。
- 你的生活會被無法接受你採行多重關係的親友「干預」。
- 出現不安全感，擔心若和朋友或家人出櫃可能會結束關係，或可能危及你未來的安全。
- 由於不再是伴侶的第一順位，感到失落與壓力。
- 與伴侶分手或遭逢伴侶過世——即使在多重關係之中，這兩件事情帶來的苦痛與困難，跟單偶關係並無二致，但因為你還有其他伴侶，你的親友可能無法理解或認知到你承受的失落感有多大。
- 你墜入愛河卻遭提分手（往往很突然），只因為對方的其他伴侶如此要求，或者因為對方決定結束與主要伴侶的關係。
- 當你的伴侶與他的情人分手，你同時也失去了你與伴侶的情人所建立的情誼。
- 不被伴侶的情人承認，或者被他們輕視、阻撓或不當對待。
- 由於你的伴侶選擇繼續與虐待自己、虐待伴侶、虐待你的人交往，你必須和他分手。
- 你的伴侶未經你同意，就單方面做出會改變關係結構的決定。

- 你受制於你的伴侶或伴侶的情人的否決權與權力。
- 你不能自由決定你想做的事情、想去的地方，或者想進行的性行為，因為你的伴侶先前已經和其他人有過關係協議。
- 你有位伴侶結交了新歡，獲得了比你更多的關注、時間、陪伴或社會地位。
- 你的配偶或主要伴侶已轉為不分層的多重伴侶制或不定義關係，但你其實仍然希望自己是主要伴侶。你在關係中失去了你所追求的優先地位。
- 你的伴侶不再是你主要的避風港，也不再是你可以傾訴一切的人。
- 你的關係協議或安全性行為協議遭到破壞，傷害你的健康和安全。
- 必須面對情緒起伏激烈的伴侶，或者他們在其他關係中所受的傷。

家庭層次

家庭層次的創傷和依附斷裂可能在下列情境中出現：

- 因為你有多重伴侶，你成為左鄰右舍、管委會、甚至房東的攻擊對象。
- 因為你擁有多重伴侶而遭到迫遷，或拒絕讓你居住。
- 由於無法律關係的同居人數有上限，你和你的伴侶找不到房子。

- 被迫住在以已婚核心家庭為想像所蓋的房子裡。
- 因為你不處於單偶關係，被迫面對親權問題，孩子陷入隨時可能會被人帶走的風險之中。伊莉莎白・謝夫的研究發現，多數多重伴侶關係家長所捲入的親權官司，往往不是州政府或兒童保護單位通報，而是因為反對多重伴侶關係的前配偶或孩子的祖父母介入。

文化和社區層次

文化和社區層次中的創傷、歧視和依附斷裂可能在下列情境中出現：

- 被你經常參與也接受你的團體或社群所拒絕。
- 被你所屬的教會排斥。
- 你的生活會被無法接受多重關係的師長或社區、宗教領袖「干預」。
- 由於擔心可能會有不好後果，或者因為受限於正式場合對攜伴的規範，不能帶一名以上的伴侶參加活動、度假、出席工作場合、畢業典禮或婚禮。
- 你已經屬於難以融入主流社會的少數族群，但現在又遭到這個社群的歧視或孤立。
- 因為非單偶關係，在社群媒體上被人刪除好友關係、取消追蹤，或被封鎖。

- 因為非單偶關係，在學校成為邊緣人。
- 因為非單偶關係，工作也丟了。
- 因為戲劇化的場面或分手事件，頓失整個多分子或多重伴侶關係社群。
- 不能在職場上公開你實行多重伴侶關係，不然可能危及你的工作、名望、職位、升遷、獎金、客戶，或者你的社會地位。
- 首次成為「不享有」某些特權的男性（通常是白人、順性別）。進入多重伴侶關係後，每個人都會喪失不同層次的部分單偶關係特權，但男性通常最容易注意到約會變得非常不同，因為在CNM中，男性不再享有跟以前一樣程度的從容、便利性與優勢。過渡到多重關係可能使人徹底翻轉過往對特權的想像。雖然要男性（特別是白人、順性別男性）正視他們過往從中獲益的權力結構很重要，但這種特權地位遭到顛覆的經歷，卻可能會讓人迷失方向、感到痛苦，甚至可能帶來創傷。當多重關係社群對於男性享有的其他特權爭論不休時，或者當他們缺乏協助，不知道如何理解這些已經失去或依然握有的特權時，他們也可能湧起遭到排擠的感受。
- 因為多重伴侶關係，在醫療場所遭到評斷或責備。
- 由於醫護人員不了解或不接受多重伴侶關係，拒絕為你進行性病檢測。

- 受一對一正統預設訓練的醫護人員，針對健康性行為與性病傳播，提供你錯誤的資訊。
- 因為沒有結婚，醫院拒絕你探視或接近住院中的伴侶。
- 再也無法在大眾流行文化（音樂、廣告、電影、電視、新聞等）看見自己的身影。
- 找不到或無法參與當地的多重關係社群。

社會層次

下列情境可能帶來社會層次的創傷、歧視和依附斷裂：

- 在美國和大多數國家，CNM都不受法律保障。
- 在法律上，不能擁有兩段或以上的婚姻。
- 在宗教上，不能擁有兩段或以上的婚姻（並非所有宗教皆然）。
- 多重伴侶關係被視為通姦，在某些州屬於違法行為。
- 在軍隊中，多重伴侶關係也可能被視為通姦，進而剝奪其軍職、軍階、軍人退撫福利，甚至可能面臨服刑，或被踢出軍隊。
- 喪失或者無法平等取得下列基於單偶關係與婚姻制度而建立的社會給付，包括減稅、健保、親權、繼承權、社會福利、移民身分、公民權、軍人退撫福利等等。

全球層次

下列情境可能帶來全球層次的創傷、歧視和依附斷裂：

- 父權體制、異性戀正統預設和單偶關係典範所帶來的集體創傷、死亡、束縛結果。
- 在全球性的緊急情況下（例如疫情期間），多重伴侶關係者將會面臨特殊的困境。我在二〇二〇年寫作本書時，新冠病毒正在肆虐全世界，我所有的個案，無論他們採行哪種關係，全都陷入強烈的恐懼、無助、焦慮、失去的漩渦之中，因為他們可能失去了親人、工作、家庭、社區、接觸、意義感與人生目的。不過，多重伴侶關係的個案尤其被迫面臨額外的挑戰。保持社交距離與隔離等政策要求，代表他們跟許多重要親密伴侶分離的時間會變長，由於不確定這種狀況會持續多久，又擔心相聚可能提升染疫風險，也使得他們的失落感、焦慮感、無助感持續加重。
-
-
-

當我們不再屬於主流典範時，這種離群、孤單、無人可以求助的感受，也可能帶來創傷；[65]此外，多重伴侶關係的特定經歷，也可能成為反覆出現的新威脅，進而損害我們建立依附、連結或正常運作的能力。不過，逆境也可能帶來驚人的成長。正如傷疤的細胞組織會更為強韌一般，創傷也可能使人茁壯，研究者與心理專家將此稱為「創傷後成長」（post-traumatic growth），約有三至七成曾經歷創傷的人表示，走過這些傷痛，讓他們出現了正面的變化。[66]根據心理學家理查・德特斯基與勞倫斯・卡爾霍恩的定義，創傷後成長代表「某人的發展比危機出現之前還要更成熟。他不但從危機中倖存，還歷經了得以超越現狀的重大蛻變。」[67]這些歷劫歸來的人指出，在走過創傷之後，他們看待關係、自我與人生的方式，全都出現了深刻的變化。

多重伴侶關係可能成為這種促進成長的壓力鍋。在多重伴侶關係的世界中，大家或多或少都知道，除非你已經準備好要不斷地處理、溝通、成長，週而復始，不然切勿貿然踏入。因為擁有多位伴侶將會暴露你的所有包袱、盲點、陰暗面、缺陷，以及所有你視而不見的問題。也因為如此，多重伴侶關係確實成為很多人飛快成長的捷徑，就依附來說更是如此，多重伴侶關係形同是一條多數人不會行經，但得以邁向療癒的蹊徑。只要人們可以治癒過往的依附創傷、處理開放關係後所出現的依附變化，並且建立安全的關係（而非安全的結構），過往認為對CNM不切實際的事情，都會成為可能，甚至值得額手稱慶。

PART 3

下一章中，我們將更著重在「操作性」，
邁向多重安全的狀態。我希望所有讀者，
無論是單偶還是多重伴侶關係，在闔上本書後
都能夠帶走一套具體的方法，能夠讓關係變得更安全。
經過我的篩選與轉譯，大家就無須自行費時
揀選或除去依附文獻中時常帶有的單偶透鏡。
雖然依附在人類經驗中的各個面向都會出現，
不過下一章我會先把重點放在自我與人際關係的層次。
最後，雖然我希望能在此處提供你一些指引與建議，
但請記得，這些並不能取代你或伴侶可能需要的專業協助。

CHAPTER
7
在關係中維持多重安全狀態的基礎
The Foundations of Being Polysecure in Your Relationships

行文至此，我在討論擁有多位伴侶者時主要使用「非單一伴侶關係」（nonmonogamy）這個總稱，不過正如第四章所示，非單一伴侶關係的人實踐擁有多位伴侶的方式可能極為不同。在討論如何建立多重安全狀態前，我想先來談談所謂的「多重伴侶關係」（polyamory）。多重伴侶關係的一般定義是，和多人建立以浪漫愛為基礎的伴侶關係，我們也可以說，它是一種特定的非單一伴侶關係，會同時跟多個對象建立戀愛依附。如前所述，不是所有的CNM都以建立依附為前提。就算是不那麼緊密相連、不想定位彼此關係、不想積極建立依附的對象，還是可能跟我們建立起相當充實、有意義、充滿愛的重要關係。理論上，「任何」類型的關係，無論投入程度為何，對於每位當事人都應該要是合乎道德、相互尊重、溝通暢通且體貼的，但以依附為基礎的關係所需要的程度會更高，因此，本書後續章節將要聚焦於那些已經（或想要）進入以依附為基礎的多重伴侶關係。

我們想成為以依附為基礎的伴侶嗎？

要和伴侶建立多重安全狀態的前提是，要先確定你是否真的想要成為彼此的依附對象。基於依附的關係會需要花時間經營，所以當我提到依附伴侶時，代表是我們有意識地選擇要在特定的關係中，培養和照顧彼此的依附需求。一般來說，愛上某人或對他們產生依附感受，通常不是出於選擇，這就是為什麼我們是說「墜入愛河」，而不是「走入愛河」。依附對象可能是一見鍾情，是讓我們莫名感到某種相互理解、契合或強烈情感的人，也可能是隨著時間，自然而然發展出戀愛依附的對象。但不管是已經建立依附的人，還是想要培養多重安全狀態的伴侶，重點就是你終究得先想清楚，你確實想要讓彼此成為基於依附的伴侶。

單偶關係中的伴侶，通常到了一個階段就會開始討論對感情的承諾，但這些對話通常很少，甚至完全不會討論兩人對於承諾的定義、假設、期待為何。在多重伴侶關係中，沒有說出口的期待與假設通常不是好兆頭，而且有意識地討論彼此的行為與交往動機，是讓每個參與當事人都能感到安全的關鍵。以依附為基礎的多重關係，是指伴侶之間彼此承諾會定期出現、會優先考慮彼此（出於選擇，而非出於義務）、會努力珍惜彼此，而且願意承擔要經營關係、甚至要共同生活的各種工作（儘管共同生活並不是安全依附的前提）。你可能和你稱為主要伴侶、核心伴侶、同居伴侶、定錨伴侶的人，建立起以依附為基礎的伴侶關係。你可能已經和他們同居、生養孩子，也可能沒有，但你並「不需要」做這些事情來建立多重安全狀態。獨身多重伴侶關係和不定義關係的人，也可能處於安全依附的關係中。只要否決權或階層秩序沒在運作，已婚且與配偶同住的人，也可能跟其他未同居的伴侶建立基於依附的安全關係。真正的關鍵在於，伴侶之間對於彼此要投入的深度、廣度、程度全都有共同的認知與願景，而且每個人都能按照彼此同意的共識運作。

為了在關係中感到安全，我們需要知道伴侶想待在我們身邊，而且會盡力為之，給予一定程度的承諾，表示願意共同建立關係很重要。

依照你身處關係的狀態與階段不同，承諾可能會有下列各種型態與程度：

- 願意一起探索這段關係，但不用明確定義未來的方向，或要整合你們的生活。
- 願意建立一段比較長期穩定的正式關係，且願意讓彼此生活更為緊密。
- 願意長久共同地生活在一起。

承諾有很多表達方式。傳統上主要是透過結婚、買房、生孩子或者佩戴特定的珠寶等行為來展現，但合法性、房地產或配戴首飾當然不是展現奉獻承諾的唯一途徑。二〇一八年，諮商心理師金・基恩曾在「博爾德多重伴侶關係系列座談」中，提到在獨身多重伴侶關係中，人們可以考慮用下列方法展現自己對伴侶的承諾：

- 願意分享個人細節（希望、夢想、恐懼），並且展示脆弱的一面。
- 願意將伴侶介紹給對自己很重要的人。
- 願意協助伴侶搬家、打包、做家務、找工作、購物等。
- 願意定期安排時間相處，日子平凡但新奇。
- 願意以伴侶為重。（我建議伴侶之間需要共同定義何謂「為重」）。
- 願意一起計劃出遊。
- 在伴侶生病或有需要時，願意提供幫助。
- 願意共同進行一些計畫。
- 願意頻繁地溝通。
- 願意提供實際、日常或情感上的支持（例如，陪伴侶去看醫生，或者願意幫忙照料伴侶的家人、寵物、汽車、孩子或者繳稅等）。

關於承諾的自我反思

在你的每段關係之中，無論是已經以依附為基礎，還是希望能更以依附為基礎，都請你和伴侶討論下列的問題：

- 承諾代表什麼？
- 哪類的承諾最為重要（例如，體制上的承諾、情感上的承諾、公開的承諾）？
- 為什麼我們想要成為彼此的依附對象？
- 成為依附對象，會是什麼樣子？
- 我們真的有時間、有可能這樣深度地投入嗎？

多重安全狀態的綱要

如果已經確定，關係中的每一個人（無論是兩人或多人），確實都想要成為彼此的依附對象，下一步，就是要知道如何安全地做到這點。而要實現多重安全狀態的關鍵，就是要讓伴侶成為彼此的避風港和安全堡壘。

成為彼此的避風港

約翰·鮑比與當時的其他學者曾認為，若伴侶要成為彼此的依附對象，這段關係就必須要同時是避風港，也是安全堡壘。[68] 能夠在關係中建立多重安全狀態的重要基石，就是知道自己在無助時，能有個避風港可去。當伴侶會關心我們的安全、會回應我們的不安、協助我們調適、撫慰情緒，並且成為我們在身心上的支持時，避風港就出現了；而當伴侶陷入困難、需要幫助時，我們也要能夠用溫暖、關懷、包容的方式，為他們提供這樣安全的所在。就算我們在物理上無法親自陪伴，我們還是會盡可能地在遠處支持他們，直到我們真正見面。

為了確保關係安全感，我們的依附系統會自動地對伴侶拋出特定的問題，我們會有意識或無意識地好奇：

- 當我尋求你的幫助，你會陪在我身邊嗎？
- 你會接受我，還是你會攻擊、批評、輕視或評斷我？
- 你會安慰我嗎？
- 你的回應能讓我平靜下來嗎？
- 我對你來說重要嗎？

- 我對你的生活有所影響嗎？
- 我們可以彼此依靠、相互依賴嗎？

有趣的是，研究一致顯示，擁有避風港關係（不管是戀愛關係還是家庭關係），在面對生活壓力和創傷事件時都展現更高的復原力。依附理論曾經研究了很多處於人生困頓時刻的群體，包括孤兒、天然災害倖存者、犯罪被害人、退伍軍人、難民、九一一事件在紐約市的人、待過二戰集中營的人，以及心臟病發作後或醫療手術後康復中的人，結果發現，無論事件發生當下或者發生之後，只要身邊擁有這種能夠提供避風港的依附對象，人們復原的速度就更快，經歷的身心痛苦就更少，較少持續發展出PTSD的症狀。[69]

如果想要成為伴侶的避風港，各位可以參考下列的做法：

- 給予情感支持和安慰。
- 全神貫注地傾聽對方。
- 詢問和分享彼此的感受和需求。
- 追蹤彼此生活中所發生的事情，要記得持續追蹤和詢問後續發展。
- 當伴侶感到疲倦或生病時，要以實際的方式提供幫助。
- 討論或分享日常或者對彼此重要的事情。

- 讓伴侶知道他們對你的重要性及其原因。

關於避風港的自我反思

在你每段以依附為基礎，或者你希望更以依附為基礎的關係中，請你自問下列問題：

- 這位伴侶目前是否成為我的避風港？
- 他們用什麼樣的方式讓我感到支持和安慰？
- 這位伴侶是如何讓我覺得和他待在一起更有安全感？
- 平時跟特殊狀況時，這位伴侶如何讓我更有被支持或安慰到的感受？
- 我可以如何成為這位伴侶的避風港？

成為彼此的安全堡壘

當我們和依附對象建立起安全感，以及當我們內心知道只要有需要，都能回來尋求他們的依靠，我們就能更自在、更放心地離開他們、探索世界，無論他們是否待在自己身邊。安全堡壘是讓我們得以前往更寬廣的世界探索與冒險的平台，這種探索有助於增進我們的能力信心與健康的自主性。就像孩子會想和家長展示他們剛畫好的圖、學會的新技能、新成果與新發現一樣，成人也需要和人分享我們所學到的新事物、取得的新成就，以及我們感到興奮的事情。在伴侶關係中建立並擁有安全堡壘，代表我們支持彼此投身於個人成長、探索、獨自活動，並發展其他關係，即使從事這些活動會需要分開。擔任安全堡壘的伴侶不僅會支持我們冒險，被徵詢時也願意給予意見，也會溫柔地指正我們。他們就像是一面充滿同理心的鏡子，讓我們能夠看見自己的盲點與自欺欺人的把戲，例如自我膨脹，或者自我設限。

雖然作為安全堡壘好像比作為避風港更容易、或更有趣，但千萬不要低估一個人和你分享願景、希望、好奇與夢想當下，會產生的親密感與極度脆弱感。這件事情的基礎在於，能夠相信自己可以和伴侶分離，而且能夠安全地返回你身邊；簡單來說，**避風港是個能夠接受我作為我的人，而安全堡壘是能夠協助我超越自我的人。**

如果想要成為伴侶的安全堡壘，各位可以參考下列的做法：

- 鼓勵彼此個人成長、自我發展。
- 支持彼此的工作與興趣。
- 傾聽彼此的希望、夢想、願景。
- 當伴侶分享他在其他關係中的經驗，好好傾聽（如果所分享的資訊是適當且經過同意的）。

- 討論在知識上或情感上彼此有感的事物。
- 認知並接受彼此的能力和發展可能性。
- 展現同理心，點出伴侶的侷限與盲點。
- 在伴侶承擔新責任、和他人約會、冒險或學習新事物時，給予鼓勵。

關於安全堡壘的自我反思

在你每段以依附為基礎，或者你希望更以依附為基礎的關係中，請你自問下列問題：

- 這位伴侶目前是否成為我的安全堡壘？
- 對我來說，成長是什麼樣子？在我的想像中，通常是共同成長、個人經歷，還是兩者都有？
- 就個人成長、願景、夢想來說，我是否需要獲得其他形式的鼓勵或支持？
- 在其他的關係中，其他伴侶都如何支持我？
- 我要如何更支持和鼓勵我的伴侶追求他的夢想、渴望，並且成長茁壯？
- 我要如何更明確展現出我對於伴侶重視的事物有所好奇或抱持興趣？

- 我要如何更好地支持伴侶經營他的其他關係？

採行多重伴侶關係有個好處，就是你不需要獨力攬下這些角色，也不用對你的伴侶做這樣的期待。有人可能比較像避風港，有人可能更像安全堡壘，也有人兼具，但他們各自可以滿足不同面向的需求。每個人各有不同長處，如果有人能用避風港的方式支持，其他人則以安全堡壘的形式鼓勵你，將能令人感到心滿意足。

當我剛開始參與多重關係的研討會時，發言前我都會非常緊張。儘管我過往有在各種學術場合或領導力研討會上演講，但那是完全不同的會議形式；我不知道聽眾會不會覺得我的演講內容枯燥或不夠切題（我當時正要介紹情緒觸發因子，現在回想起來，對於多重關係的人來說並不是太難遇到）。當時我兒子還只是小嬰兒，尚未斷奶，離開他三、四個小時感覺是件大事。所以，我同時需要有人照顧我的情感需求，也需要有人協助照顧我兒子。而幸運的是，我當時有兩名不同的伴侶，可以各自為我擔起這些角色。

當時跟我共同照顧孩子的人是戴夫，他也是我當時的丈夫，是個非常棒的安全堡壘。他挪開所有的行程，空下一整天帶孩子，讓我去演講，鼓勵我在現場發光發熱；他要我放心，說兒子在我離開時不會有問題，就算沒法準時餵奶，兒子也不會餓死。戴夫更提醒我，記得在演講時要享受其中，而這正是我在那種緊張時刻需要聽到的話。在這次事件中，戴夫是讓我能夠充滿自信地遠離家人，前往更寬廣世界冒險的安全堡壘。但由於他正在照顧我們的兒子，我同時也需要避風港式的情感支持時，他自然就無暇回應；而這是我的另一位伴侶山姆能夠幫忙的地方。雖然山姆不能陪我出席會議，但兩位伴侶都騰出空，讓我可以在演講結束後就先打電話給他們，在我分享演講經驗時，他們都相當興奮，也都全神貫注。在這個情境中，山姆扮演的就是我的避風港。面對他們，我可以放下戒心、依靠他們，感受被愛、溫暖接納、被充分理解。這兩位伴侶都完全滿足了我的需要，而且兩人都不需要多做什麼。

還有一次，我曾在另外一場多重關係的研討會上介紹本書內容，接著在幾個月後，再次遇到曾經參與演講的聽眾。她告訴我，在聽完我的演講之後，她發現她現在的三個伴侶都屬於她的避風港，但沒有人是她的安全堡壘。由於她對很滿意目前伴侶給她的支持，她決定不要求任何一人額外負擔起安全堡壘的角色；她也認為沒有必要再找第四個可以擔任那角色的伴侶。相反地，她決定成為自己的安全堡壘，透過鼓勵自我成長、向外發展。短短幾個月內，她開了想了很久的Podcast，也買了一台她夢寐以求的古董老爺車。我認為這個例子告訴我們，我們不需要總是需要透過伴侶來滿足避風港或安全堡壘的需求，特別是當我們本來的關係已經運作順暢的時候。我們可以專心建立對自己的安全依附，而這也是建立多重安全感的重要支柱。成為自己的避風港和安全堡壘非常重要，因為唯有如此，我們才能和自己建立更好的安全依附，關於這部分，我將在第九章說明。當依附斷裂和創傷發生時，我們可能會失去撫慰、照顧、同理、接納自我的能力，因而無法成為自己的避風港，我們也可能會失去鼓勵自己、設立健康標準、適當界線、為事務價值排序的能力，因而無法成為自己的安全堡壘。雖然採行多重關係，確實能夠讓我們透過不同伴侶，來滿足安全堡壘或避風港的需求，但千萬不能忘記，用這些方式來自我支持，其實也是相當重要且很有力量的作法。

CHAPTER 8

建立多重安全狀態的「HEARTS」
The HEARTS of Being Polysecure

我們已經介紹完多重安全狀態的兩大骨幹，也就是成為避風港與成為安全堡壘；接下來，我們要把重點放在更具體的面向，讓你能夠試著在多段關係中建立起多重安全狀態。我爬梳了如何在成人戀愛關係中建立安全依附的相關文獻，並且綜合我的多重伴侶諮商實務，我將提出一個稱為「HEARTS」的模型——這六個字母分別代表的是，我認為要在多段依附關係中安全運作所需的不同要素、技巧、能力、方法。

H：Here——在場與陪伴

E：Express Delight——表達喜歡

A：Attunement——情緒的同步與調和

R：Rituals and Routines——儀式與規律

T：Turning Towards after Conflict——面對與修復衝突

S：Secure Attachment with Self——自我的安全依附

HEARTS的前五個字母，都跟多重安全狀態的關係層次有關；你可以在你自己的多重伴侶關係中試試看。HEARTS的S側重於多重安全狀態的個人層次；我會在第九章來處理這個部分，並引導你把這個方法運用到你自己身上。請特別注意，你並不需要隨時隨地做到這些事情；但我相信，如果你能將這些事項視為關係的核心，你就能發現許多美好、有效的方法，可以讓你獲得愛情中的滋潤和茁壯。

H：你在嗎？

嬰兒不可能和缺席的人建立連結。照顧者的缺席危險且具傷害性，而且可能產生持續多年的連鎖反應。依附始於身體，一開始在母親的子宮內，接著才是和照顧者的肌膚接觸。身體接觸是依附的發展所需，觸摸與面對面的接觸能夠建立連結，當孩子哭喊，人們也用自己的身體告訴孩子，他們很安全、他們並不孤單。聲音在依附系統中也扮演重要的角色。*依附對象所發出的正確語調與節奏，能夠極其有效地撫慰我們的痛苦感受；一個人的聲音與肢體語言，也可能成為我們判讀對方是否值得信任、安全的基礎。

在重要他人能夠持續且迅速地回應我們對接近的需求時，對依附系統跟安全依附是最理想的。我們需要知道，我們的依附對象觸手可及（意義上與實際上皆然），以及當我們有需求時，他們都會在，並給予回應。當我們感受到伴侶「在身邊」時，我們就能夠相信，伴侶真的關心、重視我們，而且我們值得被愛、被關注。如果伴侶總是不在、反應遲鈍或心不在焉時，我們就會產生不安全依附感，認為自己不被重視、不被愛、不被珍惜的恐懼與懷疑就會滋長。

佛教高僧與非暴力倡議者一行禪師有一句廣為流傳的名言：「我們能夠佈施給別人的最大禮物，就是我們的存在」；創立富比世雜誌的邁爾康・富比士也曾經說過：「在場，不只是單純出現」。就算你物理上出現在這個空間，也不代表你身邊的人感受到你真的在場與存在。

你和伴侶在一起時，你真的把心思放在他們身上了嗎？還是你因為手機、生活壓力、對未來的煩惱，或者與其他伴侶的關係而心不在焉？你真的好好傾聽過伴侶說話嗎？還是你其實分神想著其他事情，或者在腦子裡想著接下來要講的話？對於依附來說，身體上的

* 作者注：雖然聲音對建立依附非常重要，確實有人只講電話或傳簡訊，便愛上素未謀面的人，或者產生強烈的依附情感。不過，我認為這些經驗展現的是不同的感情能量，譬如癡心妄想（limerence）或理想化，跟真正的安全依附形成歷程有所不同。

物理接近至關重要，但僅僅只是出現並不足夠。不管是哪種關係，能和伴侶待在一起都非常重要，但多重關係尤其常聽到人們抱怨伴侶的陪伴不夠，畢竟實際上需要照顧的人數比較多。我最常聽到的不滿是，約會時有人不專心，一邊和其他伴侶傳訊息，讓另一半覺得很受干擾。

依附是一種身體經驗，我們必須跟自己同在、跟所愛之人同在，才可能建立和發展其他的依附能力與多重安全狀態。想要建立安全關係的成人，如果你不在自己身邊，或者不在伴侶身邊，你就不可能感到肯定、理解、修復，甚至只是同樂。不是把手機放下幾分鐘，就叫做在場。所謂的在場是一種狀態，是指你的身心都專注在這裡，以你真正的存在，作為送給別人的最大禮物。

需要審視的問題

- 你如何展現自己確實在伴侶的身邊？
- 你和伴侶待在一起時，要如何更能顯示你的在場？
- 有什麼方法可以讓你更快、更可得地回應你的伴侶？
- 你的伴侶都如何展現他們在你身邊？

- 在你需要時，你相信你的伴侶都會在、都能及時回應嗎？
- 你的伴侶要如何能讓你更覺得，他們和你相處時，真的全心全意地與你同在？

值得嘗試與實驗的事情

- 為了真正與彼此同在，我們會需要進入到一種跟平常不同的內在狀態。而要做到這點，就會需要學習培養一種全心專注在對方身上的「在場感」，才有辦法讓身邊的人感受到。可以多嘗試各種不同的練習，創造這種能夠專注在當下的狀態。
- 練習把這種能專注於當下的能力，視為是對自己也很重要的能力，並且在關係中努力實踐。
- 優先安排固定的時間跟伴侶專心相處。如果你們能相處的時間有限，這點尤其重要；不過，就算你們同居、共處的時間很長，但多半因為操煩孩子、房子、工作、寵物、三餐而分心，那麼安排這種專心相處的時間還是非常重要的。
- 約會與相處時，請把你的手機、智慧手表，或其他電子設備收起來。除了真的很緊急、必要的情況之外，請盡可能不要在約會期間和你的其他伴侶傳訊息、聯絡或講電話。如果你的伴侶連一小段時間都沒有辦法不跟你聯繫，他可能需要專業的協助，處理這種不安全依附感或相互依賴的模式。儘管基於依附的關係都需要照顧，但在安全運作的關係中，我們通常就能用比較有彈性、同理、寬容，甚至欣賞的角度，看待彼此的短暫分離。

- 當然有些情境下，你不太可能完全不使用手機。例如，如果你和伴侶同居，你們雖然都在家，但那並不是你們特意安排的專心相處時間；又或者，如果你和伴侶正在長途旅行，不可能這麼多天都不跟其他伴侶聯繫。這種時候最好的做法，就是當你需要去傳訊息或打電話時，明確告知你的伴侶。請不要在伴侶去浴室，或和你待在床上的時候，偷偷傳訊息給其他人（除非伴侶真的不介意）。對於同居的伴侶來說，每天或每週特別安排一個固定時段把手機關掉、彼此專心相處，對關係會很有幫助，這樣的話，就算你在其餘時間都得使用手機，也不會成為大問題。在和非同居伴侶相處時，請明確地讓他們知道你需要使用手機一會兒，然後你就會繼續專心在他們身上，這樣就能有效地避免關係陷入緊張。
- 如果你跟其他伴侶吵架了，或者你有其他的生活壓力，無法真正專心，至少你可以試著把妨礙你專心的理由，明確地告訴伴侶。你不一定需要說得太細，因為你可能不想浪費他的時間處理你跟別人的關係，而且你得尊重另一位伴侶的隱私，但能夠明確說出你在煩心什麼、為何此事讓你分心，也是一種展現在場的作法（切勿明明不好，卻裝沒事）。儘管這不是最理想的狀況，但至少這樣很誠實，而你的伴侶通常會比較舒服。

- 請和伴侶討論你們偏好的相處模式（例如，時間要多長、頻率要多高）。請讓伴侶清楚知道，就時間、心力、溝通形式，你通常能夠做到什麼程度。
- 請盡可能明確告知你不能出現的時段，不管是每天或每週會固定不在的時段，還是你跟其他伴侶的例行相處時間，或者你要出遊或去度假。當你無法出現時，至少要明確告知你何時會不在、何時會回來，這對大家的依附系統都好。
- 如果你當下無法陪伴你的伴侶，請至少讓他們知道你什麼時候可以，讓他們心中有個底。

E：喜歡的表達

接著，你可以透過表達你對伴侶的喜歡，來進一步培養你與伴侶之間的多重安全感。研究者布朗與艾略特曾指出，喜歡的展現是安全依附的基本要素之一，[70]如果家長不僅喜愛孩子的作為，也喜歡他們的性格展現，孩子就能發展出自我肯定與健康的自信。成人也需要透過對方所展現的喜歡感受，來強化關係中的安全依附與健康的自我意識。如果伴侶能夠展現出，我們對於伴侶是特別的、重要的人時，我們在這段關係中的自我價值感也會提升。如果我們對伴侶表達出欣賞與感激，就能讓關係進入一種正面的文化，允許彼此在這段關係中展現脆弱、真摯與快樂的一面。我們可以透過語言、行動、觸摸或者眼神，向伴侶表達這種喜歡的感受。黛安・普爾・海勒和其他研究者會使用「含情脈脈」（beam gleam）一詞，來描述這種充滿溫暖、善意與愛意的眼神（也稱為「依附凝視」），藉由這種非語言的表達，伴侶就能看見自己在我們眼中是多麼特別的存在。

在多重伴侶關係中，喜歡的表達不可或缺。要從單偶關係的思維模式（我和你在一起，因為你是我的唯一），轉換到多重伴侶關係的思維模式（我和你在一起，因為你很獨特，但你不是我的唯一）並非易事。即使我們不想如此，但這種單偶關係思維依然會像宿醉一般襲來，人們不禁會對伴侶的情人產生競爭感，或者會懷疑，如果自己沒有他們所擁有的某些特質、環境、性癖好或生理特徵，伴侶還會想跟自己在一起嗎？即使是擁有健康的自我意識與自信的人，往往也需要許多正面回饋，才能解釋為何明明有這麼多人選，為何伴侶會喜歡自己，或者選擇和自己在一起。需要知道伴侶喜歡、珍視自己的理由並沒有錯，而且能向伴侶表達他們是你特別重視的人，對關係來說也非常重要。感受到對方所展現的喜歡感受，以及知道自己在對方生活中的分量，是我們感到嫉妒，或感到被新歡威脅時能夠依靠的重要資源。與其讓自己陷入懷疑和恐懼中，試圖想起伴侶讓你感到自己很特別、不可取代的那些時刻，可以撫慰你的焦慮，也才能讓同樂之愛出現。

需要審視的問題

- 你都如何表達自己對伴侶的喜歡？
- 你的伴侶是否希望你表達更多或不同的喜歡感？你要如何做到？
- 你的伴侶如何讓你知道，你對他們來說是獨一無二、特別、珍貴的存在？
- 你是否希望伴侶能用其他方法表達對你的喜歡？
- 在哪些情境中的喜歡表現，對你或你的伴侶比較正面或負面？（例如，在和他人約會前後）

值得嘗試與實驗的事情

- 透過口頭或文字讓伴侶知道，他們讓你的生活變得多采多姿。

- 透過口頭或文字讓伴侶知道，他們對你來說是非常獨特的存在。
- 透過口頭或文字的方式讓伴侶具體知道，你喜歡或欣賞他們什麼地方。不是他們為你做的事，而是跟他們本人相關的面向。
- 如果你不太會說話，可以透過做一頓飯、跳一支舞、藝術創作，或者任何適合你的事情，來向你的伴侶表達他們之於你的獨特與珍貴之處。
- 和伴侶共度時光後，告訴伴侶在這段相處中你最喜歡什麼、他們做了什麼對你特別有意義的事情。你可以在你們要道別或就寢前說，也可以在你們分開後的幾小時或幾天以內說。
- 和你的伴侶們一起練習感謝。你可以安排固定時段，感謝對方對你所展現的支持、陪伴，或任何對你有意義的事情。你可以在約會結束後說，也可以每週固定抽出幾分鐘，感謝伴侶這一週對你的支持。
- 記得帶著愛意凝視你的伴侶。只要三秒鐘的依附凝視／含情脈脈，就能夠神奇地強化彼此間的依附連結。關係初期時我們通常不太需要這種提醒，畢竟當時可能從頭到腳都散發著對這個人的愛意與崇拜；如果能在穩定關係中恢復這種感受，有助於重新燃起火花。看到我們的穩定伴侶用這種眼神望著其他人，可能會讓你感到有點痛苦。請嘗試也這樣凝視你的伴侶，你會發現你們之間的依附連結將能被大幅地強化。

○ A：情緒的同步與調和

依附連結是情緒性的，能夠和伴侶在情感上相連，是讓彼此感到安全的核心。情緒同步是一種和伴侶有情感共鳴的狀態，也是一種想要完整了解對方感受與經驗的行動。嘗試和伴侶同步，不是要你完全同意對方，也不是要把他們的經驗當成自己的經驗，而是要試著進入他們的內心世界與內在，同理他們的經歷。情緒同步代表，你對伴侶抱持著好奇心，想要知道他們的感受與需求，這將能帶來被看到、被理解，或者「有人懂我」的感受。透過和依附對象之間的情緒同步，兒童可以反映、對應到自己的經驗，進而發展出辨認自己思緒與情緒的能力，並且學習如何自我調節這些情緒與心理狀態；成年之後，我們依然需要能夠被他人理解、和他人建立連結，感覺到自己獲得了他人的接納、理解、支持，我們才更能夠容忍與調節自己的情緒反應。

以依附為基礎的關係中，可能出現一些跟情緒同步有關的挑戰，例如，當伴侶對你不滿或你被對方觸發情緒反應時，要如何繼續和他們維持情緒同步的狀態。在多重伴侶關係中，如果話題是關於其他伴侶、如果你的嫉妒心浮現、如果話題內容可能影響到你和他們之間的關係時，要維持情緒同步的難度就會更高。如果你同時有多位伴侶，你可能也會有點困惑，不知道要如何和每位伴侶都維持一致的同步狀態。由於每段關係的期待與需求各異，我們和不同伴侶的同步方式也可能不同。

需要審視的問題

- 你覺得你的伴侶在情感上和你相通嗎？
- 你怎麼知道你的伴侶了解你，且關心你的經驗？
- 你目前用哪些方法理解伴侶的情緒或感受？
- 你要如何改善或用不同的方法，讓伴侶覺得自己更被你看見、更被你理解？
- 你是否希望伴侶改善或用不同方法，讓你覺得自己更被對方看見與理解？

值得嘗試與實驗的事情

- 用心聆聽，先不要用大腦或要解決問題的思維傾聽。請放鬆你銳利的眼神與嚴肅的表情，敞開心扉傾聽。

- 提出問題時，請真正秉持你的好奇心與想理解對方的心，不要預設對方的所作所為，也不要摻入你認為該做的事情。不要因為想讓自己好過一點、想證明對方的錯、想要揭穿對方說謊，就問一些只是在確認自己預想答案的問題；也不要用問題操縱或質問你的伴侶。
- 努力更新伴侶的生活近況，例如，如果你知道他們去參加過什麼活動，或者哪位阿姨住了院，記得詢問他們，活動如何，或者關心阿姨的狀況。
- 真誠地詢問伴侶的工作狀況，可以是整體性的，也可以針對具體事件。使用開放式問題，鼓勵對方分享他們對這些情境有什麼感受、需求或體驗，這些情境代表什麼、他們受到了什麼影響。
- 運用你的身體，一起感通對方的情緒。性就是個很好的作法，如果可以分別專注於伴侶各自的喜好與欲望更好。你也可以嘗試各種不同技巧，譬如採取坐式或側臥式時，讓兩人的呼吸節奏一致，或者其他不是性愛，但能同步你們身體與呼吸的作法。
- 每天稍微騰出時間，想一想你某位伴侶正在努力解決的困擾，並換位思考幾分鐘。
- 當你的伴侶提到其他伴侶，或其他可能觸發到你的話題時，請不要以身為伴侶的角度思考，改以身為朋友的角度思考。你還是可以提出你的所有疑慮或疑問，但請盡可能把對方分享的內容與對他們的意義，與對你自己的影響分開。

- 放慢對話的速度，在你回應對方之前，先用你自己的話，試著重述你所聽到的內容。
- 學習非暴力溝通或其他能鼓勵你運用同理心溝通的方法，看見伴侶他們的感受和需求。
- 閱讀約翰．戈特曼的《信任的科學：伴侶間的情感同步》一書。

R：儀式與規律

規律性會讓我們的依附系統感到放鬆。在依附關係中，我們偏好可靠的伴侶，也偏好比較穩定的情境，變化通常可以預期，也不會突然出現會天崩地裂的劇烈變化。日常生活中的小小儀式可以消除很多煩惱，也可以讓我們知道，自己是伴侶生活中不可或缺的一部分；重大的承諾儀式與通過儀禮（rites of passage）*，則可以大幅地強化伴侶之間的連結。儀式或正式邀請某人成為我們的伴侶是一種外在承諾，可以為關係提供結構和定義；至於伴侶之間的日常互動，包括各種情侶之間的規律、習慣、或小小儀式，則是一種內在承諾，代表我們確實願意全心投入這段關係。

單偶關係的日常慣例比較容易建立，只需要考慮兩人的需求，而且比較重大的儀式與通過儀禮（例如結婚、生小孩、同居）通常比較明確，也會受到社會的期待與支持。在多重伴侶關係中，標誌關係進展的方式沒有那麼多社會想像的基礎，也比較難找到伴侶之間的共同生活節奏，尤其當沒有同住，或者其中一人已另有同居伴侶的時候，更是挑戰。多重伴侶關係當然有自己的儀式可以標誌關係進展，例如第一次一起過夜、出外旅行，或者第一次無套性愛，雖然一般社會規範往往容易忽略這些事件的重要性。在我們的關係中，和伴侶一起找到那些對彼此很特殊的大小事件很重要；因為具有能夠預測和期待的例行之事，是讓依附關係得以安全運作的基礎。

在伴侶分離或重聚時，創造一些儀式和例行之事也很重要。我們的依附系統對於分離與團聚非常敏感，突如其來的離開或出現都會刺激我們的神經系統，不告而別或貿然來訪也可能破壞連結感。乍看之下，理解你的情人在相見時需要如何重溫情感、在道別時要如何維繫安全感，彷彿很微不足道，但千萬不要低估這件事情的影響力。我有位同事，他非常清楚每位不同情人所偏好的「愛情語言」[†]，在和情人重聚時，他會盡可能即時提供對

* 譯註：象徵人類從生命中的某個階段進到另一個階段的重要儀式。在不同文化中，通過儀禮的時間點、對象、內容差異很大，但通常主軸都是與人的出生、成年、結婚、死亡相關的重要生命階段。

† 作者注：蓋瑞．查普曼指出，有下列五種可以表達愛意的語言，包括：服務行為、心靈交流、讚美之詞、身體接觸、禮物收受。

方最需要的語言，強化雙方的連結感受，並為後續的相處時光開場。

另外，要去找其他情人之前的道別，以及回來之後的重聚，對於彼此的安全感也有很大影響。有人道別時不喜歡太盛大或刻意，但也有人希望在情人出外約會之前，能夠有一些相處的時間。同居的伴侶可能會希望對方約會回來後，先洗過澡才能上床，或者希望對方回家後要先心靈交流或有身體接觸，也有人希望與他人約會當天，要睡在不同的房間。

在以依附為基礎的關係中，雖然例行之事相當重要，但也要記得可以偶爾打破這些規律。因為規律也可能使關係變得一成不變，不要忽略了偶爾跳出日常循環的重要性，引入一些新鮮事物、一起玩耍或冒險，可以讓感情重新升溫。

需要審視的問題

- 我與伴侶之間已經有哪些我認為有意義、讓我有安全感的規律習慣？
- 我們經歷過哪些讓彼此感覺更親密的關係儀式？
- 我喜歡什麼樣的慶祝活動？
- 有哪些例行之事讓我覺得和伴侶相處時更有安全感？
- 有哪些關係的儀式或通過儀禮能夠強化我們的連結感？

- 你和伴侶在小別後重聚，你們各自需要哪些元素來重新建立聯繫？
- 要去和別人約會前，如何告知彼此或如何道別，可以讓彼此更有安全感？你希望約會前聯絡感情，還是希望約會後再來？

值得嘗試與實驗的事情

- 和伴侶共同制定你們睡前或起床的儀式，無論你們是否住在一起。確保並支持你的同居伴侶有空間和其他情人創造屬於他們的睡前或起床儀式。
- 和伴侶一起慶祝生日、紀念日和重要成就。關於生日，請提前和伴侶溝通你對生日的希望和願望，小心不要只因為你喜歡，就期待伴侶要在你或他的生日當天陪你。那是他的生日，請讓伴侶享有自主權，讓他們可以隨心所欲地和任何他們喜歡的人慶生。
- 和伴侶一起哀悼失去與轉變。
- 創造紀念關係的假期儀式，就算不是在真正的假期日也無妨。
- 創造關係紀念日，並固定花時間在當天相處。請讓伴侶知道你與其他情人既有或可能會有的紀念日。

- 請你也讓伴侶知道，有哪些活動或甜言蜜語只能保留給特定的關係。有些人認為，不應該把特定事物或地點設定為某一位伴侶專屬，但也有人認為這件事情沒什麼問題。我個人觀點比較中庸，我認為要在感情中澈底放棄「專屬於我們」的概念，似乎有點不切實際（畢竟情侶之間的認同感，在多重伴侶關係中是很健康的），而且我也發現，如果人們可以要求保留他們想保留的東西，會有很強的療癒效果。只要這種保留是透明的，所有當事人都知道哪些東西專屬於誰，以及原因，通常不會有什麼問題。另外，所有關係都可以自由地創造專屬於彼此的事物或活動，也很重要。唯一的關鍵在於，這些保留的要求必須合理（例如，可以要求某個Podcast只有我們能夠一起聽，也可以要求「小糖粉」一詞不能用來稱呼別的情人，但不應該是：你不准和別人一起去墨西哥，或者這個體位你不准跟別人做。）將某些事情分配給特定關係可能可行，但務必謹慎、透明，否則這些水域很快就會變得危險與充滿層級。
- 為彼此創造暱稱或特殊的情話。這些暱稱或情話可以只限於兩人之間，不過在建立此類協議時，要合理，也要有意識地包容其他伴侶的需求。
- 和伴侶舉行展現承諾的儀式。美國目前無法跟超過一人合法結婚，但沒有人可以阻止你跟其他伴侶舉行承諾儀式。

- 你們可以創造你們自己的儀式，可以邀請朋友、家人、師長或其他伴侶為你主持，也可以找一位對多重伴侶友善的司儀來，共同完成這種對你和伴侶都意義重大的儀式。
- 記得偶爾跳出你們的日常與慣常儀式。可以臨時安排一天廝混，可以待在家裡，也可以一起出門做一些平常不會一起做的事情。

T：面對與修復衝突

關係的斷裂是不可避免的。關係不是靜態的，而會持續不斷在和諧與爭執之間、在斷裂與修復之間來回。每個人都不同，所以終究可能會說錯話、做錯事，說出讓我們後悔的言論，或者忘記對於伴侶很重要的事情。就算我們想要，我們也不可能無時無刻都是最完美、最關心、最在場的伴侶。關係中出現裂縫無妨，關鍵在於我們要如何修復。能夠在出現衝突與歧見，或喪失連結感時，知道如何修復彼此、找回彼此的節奏，才能夠建立安全依附與具有復原力的關係。沒有處理的衝突將對信任感和安全感帶來持續性的影響。就依附類型來說，安全型比焦慮型更有機會採取有建設性與雙贏的方式解決問題，他們也比逃避依附型更有機會配合伴侶，能夠同時關照到自己與伴侶的共同利益。

根據戈特曼研究協會進行的長年研究，幸福的伴侶與怨偶之間的最大差異，不在於會不會吵架，而在於吵架之後，他們可以多快修復關係，和好如初。[71]跟該協會稱為「怨偶級」的人相比，「關係大師級」的伴侶吵架時，雖然還是可能會出現大吼大叫、講話刻薄、進入防衛姿態、批評對方，或者拒絕溝通的狀態，但他們通常比較能夠坦承自己在衝突過程中的角色，因此也比較容易開啟關係修復的工作。關係大師級的伴侶能夠從錯誤中汲取教訓，也知道修復關係比爭執本身更為重要。戈特曼研究協會也發現，修復關係的技巧高明與否，跟修復效果未必有關；實際上，比起完美的修復技巧，態度真摯才最是關鍵。我經常對個案說，只要你心中還是想要證明你是對的、伴侶是錯的，那麼就算你擁有世界上最棒、最多的溝通與衝突解決技巧，也是枉然。我還是很建議多學一些溝通與衝突解決技巧，但即使沒有這些東西，只要你的態度正確，願意承擔修補關係的責任、願意保持謙遜和開放的心態，你們就能走得更遠。

戈特曼研究協會還發現，衝突後的復原能力也和伴侶之間多常在彼此的「情緒帳戶」中存款有關。如果關係中本來就存在相互理解、表達感謝、好好相待的文化，就比較能夠抵禦感情中的風風雨雨，修復關係的努力也比較容易奏效。如果伴侶之間本來就很疏離或不尊重彼此，不管多麼用力修復，成功機率通常還是很低。如果你已經開始練習HEARTS，你可能會發現，雖然衝突還是會出現，但關係的修復會順利很多，甚至可能因為這些爭吵而讓你們變得更親近。

需要審視的問題

- 你與伴侶的衝突是否有特定的主題？
- 過去關係出現裂痕時，你和伴侶是如何修補的？你怎麼做到的？
- 你都如何修復關係？哪些事情對你很容易？哪些事情對你很困難？
- 你的伴侶如何修復你們的關係？
- 關係出現裂痕時，你可以採取哪些不同作法與伴侶修復感情？
- 你對伴侶有什麼要求？

值得嘗試與實驗的事情

- 如果你們用訊息吵架，請暫停，直到你們可以面對面或通話再說，這樣比較能避免出現更多的誤會，讓問題惡化。

- 如果爭吵變得太過激烈，不要害怕先暫時喊停。儘管很多人都知道，衝突太高張時稍微休息一下會比較好，但他們還是會繼續講話或想討論，即使這樣做無濟於事，或者只是讓一切更糟。當你發現歧見與衝突已經來到一個程度、當你情緒被觸發，或者當辱罵、批評或指責的語言出現時，請你們務必暫停。不過，千萬不要掉頭就走，你要告訴對方，你需要冷靜一下，並且共同決定何時要再繼續，共同處理這個問題。請注意，這種作法跟單純反動性、習慣性的逃避或退縮行為有所不同，在有爭執時逃避或退縮可能會適得其反，但在衝突太過激烈時，有意識地休息、暫停一下，是非常有建設性的作法。
- 好好控制你的渴望。請記住，你想要維持這段感情，請盡可能同時保持對你自己和對伴侶的尊重，不要顧此失彼。
- 閱讀蓋瑞．查普曼的《道歉的五種語言》一書。
- 如果你常和伴侶起衝突，或者雖然你們的衝突不頻繁，但只要發生，就會非常劇烈，請在雙方沒有衝突的時候，坐下來討論你們彼此的需求，找出哪些可能事先避免或減緩的關鍵問題，並釐清你們各自有哪些需求要處理。
- 如果衝突反覆出現或似乎無法解決，請尋求專業協助。

- 可以參考「多元之愛」這個Podcast節目*所開發的「雷達關係檢查表」，協助定期面對與管理關係中出現的衝突管理。

• • •

本章探討的是，你要如何在多重關係中建立多重安全狀態。操作本章所提出的建議，可能會需要數個月，甚至數年的時間，因此，你可以從你目前最需要的部分開始。在理想狀況下，HEARTS中每個字母代表的面向，你可能都會需要花一些時間練習（例如，先試著練習H兩週，再試著練習E兩週），這樣你才能循序漸進但深入地掌握不同面向的真諦。你可能會發現，有些面向你已經做得不錯，有些比較弱，雖然你可以根據特定關係的需求跳過部分的練習，但我不建議直接跳過整個面向，因為每個面向彼此相連，對於能否和伴侶實現多重安全狀態也都非常重要。最後，可能有些讀者會需要先從下一章的練習開始，因為你必須先和自己建立安全的依附關係，才能夠開始嘗試透過HEART在關係中建立多重安全狀態。

* 節目網址www.multiamory.com/podcast。下文的「雷達關係檢查表」請於該站搜尋「RADAR」。

CHAPTER 9

「HEARTS」中的S——自我的安全依附

The S in HEARTS—Secure Attachment with Self

和伴侶練習HEART，是讓關係邁向多重安全狀態的重要步驟。能夠被一個溫暖且願意陪伴你的人看見、理解、重視與被愛是件美好的事情，很多人都希望能夠獲得如此恰到好處的依附體驗。不過，治療依附的過程並不止於此。雖然我無意削弱關係的安全依附可能確實具有療癒過往傷痛的力量，但我依然認為，唯有先與自己建立起安全依附，我們才可能充分體現健康的關係依附。這也是為什麼，本書有必要用一整個章節處理這個主題。

當我們出現不安全依附感——無論是在童年時期，在成人關係中，還是在依附和創傷嵌套模型中的任何一個層次——我們與自我的主要關係就可能斷裂，也會影響某些能力和技能的發展。

依附斷裂和創傷也會在我們的心理留下持久的刻痕，並扭曲我們的自我感受，認為自己不重要、有缺陷、有問題、沒價值，或者認為自己缺點太多、優點太少。這就是需要治療的地方，也是我們唯一能夠靠自己的治療，因為多重安全狀態需要和你的伴侶一起努力，其他層次的治療又得仰賴集體或團體的共同努力，已經超出個人的範圍所及。

依附的內在治療是讓關係得以安全運作的基礎。即使是最安全穩固的感情，也無法保證能永遠在一起。生活可能會帶彼此走向不同的方向、伴侶可能過世，而且就算伴侶再怎麼重視你，現實上也很難有求必應、隨傳隨到。當我們曾經有過不安全依附感，很容易（常常是無意識地）對伴侶施加過多的壓力。我們會把伴侶視為讓我們產生希望、愛、力量的泉源，是協助我們發展自我調節情緒能力的人，是賦予我們生命意義和目的的人。伴侶當然可能成為這一切的靈感，也可能我們給予愛情的對象，但他們不應該是這一切的源頭。你才是賦予自己快樂、愛、勇氣、情緒調節能力和生命意義的泉源。你愈早能夠擺脫這種把伴侶視為萬物源頭的想法，對關係中的每一個人（包括情人的伴侶）就愈好。

知道自己要如何安全地站穩腳步、如何成為自己的避風港和安全堡壘，是建立內在安全依附的重要基石。

這句話對單偶關係的人適用，對多重關係的人更是如此。在多重關係中，我們必須能夠讓自己的內在力量，成為內在安全感的錨，我們才可能駕馭這種相對不安全的關係結構。內在安全感之所以不可或缺，是因為只仰賴一人作為我們尋求一切需求的對象，可能會讓我們跟其他情人、共享情人或他們的伴侶之間的關係，變得更為混亂、不當、分裂，甚至更具破壞性。你必須是你自己生活中的優先。和自己建立安全依附，代表你能夠覺察自己的感受與渴望、能夠滿足自己的需求，也知道如何在關係中實現這些需求。如果缺乏與自己的安全依附，你的關係就全都像是建築在虛幻前提之上的空中樓閣，隨時可能崩塌，或至少有些搖搖欲墜。

○成人習得的安全依附

童年時期沒有安全依附的人，或者在成人關係中依然存在嚴重的不安全依附感的人，還是可能發展出「成人習得的安全依附」(Earned Secure Attachment)。如果我們能夠跟親朋好友、師長、愛人、諮商師等能夠同理我們、和我們建立安全連結的人有所互動，我們的依附類型就可能變得更安全。而在自我層次，可以透過理解你自己的生命故事，培養出這種後來習得的安全依附。

臨床精神醫學教授丹尼爾·西格爾認為，透過創造一個前後連貫的敘事——思考自己從小到大的經歷、過去依附事件如何影響現在的自己與感情——人們就可能重新梳理自己的過去與依附歷史。[72]

講述過往未曾說出口的故事，能讓我們重新感受過去沒感受到的情緒，並且重新把愛注入到過往缺乏愛的事情上。只要我們有辦法描述過去的痛苦經歷，並重新詮釋它帶給自己的意義時，療癒效果就會出現，讓我們的大腦可以開始重新連結，進入更安全運作的狀態。西格爾的研究也顯示，最能預測兒童依附類型的，並不是家長自己是否屬於安全依附，而是家長能否重新詮釋自身依附歷史的意義。就算家長曾有創傷經歷與不安全依附，但只要他們有辦法對於過往經歷建立起一套連貫的敘事，他們就可能打破不安全依附的代間傳承與惡性循環，並在這種後來習得的安全依附環境中育兒。當成人經歷感情創傷、分手、失去經驗時，對這些痛苦歷程創造一套連貫的敘事，也是我們療傷、復原時的必要道路。

多重伴侶關係會帶來的失去與分手經驗，和我們其他的文化脈絡相當不同。在討論關係為何或如何結束時，我們可能不若單偶關係那樣，擁有一套可以描繪關係終局的共同語言，其他人給予我們的接受與理解程度也可能有所差異。分手之後，儘管多重關係中的你，可能擁有更多能夠支持你的伴侶——這點對很多人來說確實有幫助；但我也看過許多多重關係伴侶在分手之後，出現更強烈的孤立感受。

例如，現在的伴侶可能不想一直聽你分享你分手的痛苦，他們也未必適合陪你處理這些分手情緒（或許他們就是你們分手的理由）；又例如，你可能沒有能夠尋求這種情感支持的其他關係。因為分手，而讓你失去和伴侶的情人的聯繫，甚至讓整個多分子群瓦解，都可能帶來迷惘、失去方向和難以估量的痛苦。人們可能會覺得自己像是漂浮在太空之中，分不清上下左右，也不知道能如何繼續向前。在這種時候，尋找屬於你的連貫敘事，可能就會成為一種強大的支持力量。

訴說關於自己的不安全依附過往時，不要只談論你已經走過的事件與感受，也要記得適度肯定自己所發展出來的依附回應策略。依附類型是我們回應當時存在的感情連結之後所產生的結果，如果當時我們面臨的是不存在、不穩定、具侵略性、危險性、遙不可及的感情連結，我們的依附系統就會為了生存，進入激化或鈍化的狀態。你的依附策略，是當時最能幫你回應周遭環境挑戰的方法，而你當時能夠憑一己之力建構出一套有效的因應方法，非常值得肯定。當我們能夠為自己的過去發聲，能夠接受我們的痛苦，甚至肯定自己因應挑戰所做的努力，我們就能坦然接受自己還可以繼續成長，用不同的面貌與型態與自己、與他人建立感情。我們不再需要成為自己過去的受害者，我們可以與它正面對決，並且獲得勝利。

○將HEARTS的方法運用在自己身上

安全運作的HEART模型，不僅適用於你的伴侶關係，也適用於你和自己的關係。

○H：與自己同在、陪伴自己

要創造內在的安全感，我們必須先與自己共存。我們也必須與自己的身體共存，因為身體是承載我們一切感受、需求、痛苦、欲望、渴望的庫房，會有不安全依附或創傷經歷，可能會不太容易和自己的身體同在，尤其如果你採取防衛、退卻、斬斷連結的習慣已經超過數年、甚至數十年。創傷會限制我們在場的能力。當我們與自己分離時，無論是太關注自己，還是太遠離自己，我們都會難以進入自己的內在狀態、無法運用自己的內在資源。不管是跟自己還是跟別人，我們的身心都沒有辦法真正的在場。

要成為我們自己的避風港和安全堡壘，我們就必須要先能和自己同在。好好坐下、仔細傾聽，感受我們心中所產生的一切。我們的生命與療癒需求，都必須要從當下做起，需要你全神貫注在此時此刻。透過身體，我們才能學會忍受、跨越各種不舒服的感受，往療癒前進；也唯有透過身體，我們才能重新習得過往遭到流放的各種正面感受。

需要審視的問題

- 整體而言，你能夠自在地獨處嗎？
- 你有哪些避免與自己同在的小動作或明顯作法？
- 對你來說，何謂與自己同在？那會是什麼樣子？
- 對你來說，何謂透過身體體現？那會是什麼樣子？
- 若你能更常與自己同在、更常透過身體體現，你認為你的生活或關係會出現哪些可能性？

值得嘗試跟實驗的事情

- 學習正念與冥想。
- 參與重視身體意識的活動，例如瑜伽、舞蹈、步行冥想、身體掃描正念*等等。

* body scan meditation，將注意力逐一來到全身各個部位，感受並引導各部位放鬆的正念練習法。

- 好好呼吸。
- 嘗試可以安定心神的「著陸技巧」(grounding techinique)。
- 和身體經驗工作者或重視身體經驗的諮商師合作。
- 去散步或開車，但嘗試不要講電話，也不要聽任何音樂或節目。
- 讓自己安靜地坐著，讓你的所有思緒與情緒自由浮現。
- 獨自一人時大聲唱歌或哼歌，不要擔心自己唱得不好。

○ E：表達對自己的喜歡

這個面向回應的是我們希望被對方喜歡的依附需求，用在自己身上時，代表我們對於自己的存在，打從心底感到喜悅、肯定、愉快。

兒童會透過反映、反思依附對象所展現的喜悅感受，發展出正面的自我意識與自我能力認知；我們成人也需要這些，而且往往是透過我們最親密的關係獲得。當另一半能夠成為我們的鏡子，而且衷心為我們做自己感到喜悅時，我們就可能更加了解自己。不過，成人的自我肯定不能只依靠身邊的人喜歡自己，我們必須學會喜歡自己，並且維持健康、正面的自我價值與自我肯定感，這樣才能長久，也才能彈性地面對挑戰。

想像自己犯錯之後，你可以理解並寬恕自己。想像當你看著鏡子中的自己，可以產生接受與同理的感受。想像自己期待獨處，因為你喜歡和自己相處的時光，也對自己感到愉快。回想一下「週六夜現場」節目中的史都華．斯莫利，欽羨地看鏡中的自己說：「我夠棒、夠聰明，大家都喜歡我」的畫面——不要擔心，我不是要你照鏡子的時候，對自己說這些肯定的話。我想說的是，肯定自己、善待自己、愛自己是非常重要的，你可能會這樣對待你的朋友，但面對自己時，卻時常忘記這麼做。如果我們曾經有過創傷和依附斷裂的經驗，就很常會忘記善待自己的意義。

只要小小改變你跟自己說話的方式，就可能對身心健康產生重大影響，並提升你在壓力狀態下，調節自我情緒、思緒、行為的能力。

正面積極的自我對話，不是單純的自我安慰，不是自我膨脹，也不是自我欺騙，而是一種和自己進行的內在對話，只是內容充滿寬宥、理解與彈性，觀點通常也會更寬廣、更實際，跟我們平常那種負面、消極、挫敗、侮辱的自我對話形式截然不同。能夠表達對自己的喜歡，代表你看得到自己身上有哪些值得自豪和肯定的長處、優點、特質、風格，也看得到自己還有哪些地方可以繼續成長。我們在肯定孩子或伴侶時，未必認為他們完美無缺，實際上，我們通常都很清楚他們身上那些神奇、難搞、古怪的特質，但我們依然喜歡他們整個人的完整性、矛盾性和一切。你對自己也能夠如此嗎？我認為，自我批評與羞辱，是我們重新建立內在敘事、表達對自己肯定的最大挑戰。創傷與不安全依附的經歷，會讓我們拾起這種自我批評與羞辱的習慣。正面積極的自我對話有益身心健康，負面消極的自我對話則會帶來嚴重傷害，會刺激我們的威脅警示系統，讓我們陷入戰鬥／逃跑／僵住／安撫的反應，但一切威脅的源頭，都是我們自己。如果我們因為自己的作為、未盡之事，或者自己的外貌而不斷地自我攻擊，就很難產生與展現自我價值的感受。自我批評（inner critic），就是那些在我們腦海中浮現的嚴厲、刻薄、批判、冷酷、懲罰性、羞辱性的聲音，和那些「你應該要如何」的念頭。當我們被這些內在聲音嚴厲抨擊時，就會產生羞恥感，並且開始相信，自己真的毫無價值、充滿缺陷、太過分、本質上有問題、不如去死。

學者布芮尼．布朗曾指出，內疚感與羞恥感之間的重大差異在於，內疚感是「我犯了個錯」，這種觀點是有益、具有激勵效果的，但羞恥感是「我本身是個錯誤」，這種觀點破壞力強大，可能使人一蹶不振。[73] 當我們陷入自我批判與完美主義時，內在的負面情緒就會持續浮現，成為這股羞恥感的糧食，它愈持續滋長，我們就愈難在自己身上找到愛與快樂。我認為，我們可以把自我批評，視為是情緒上的自體免疫失調。患有自體免疫疾病的人，其體內的免疫系統會異常運轉，攻擊自己的正常細胞，而不是抵禦外敵。我們之所以會陷入自我批評，通常是因為部分的自我希望能保護自己、維持自身安全，或者希望我們成功，但它所採取的方法實際上是自我傷害，使得保護的意圖適得其反。我們的羞恥感，則像是虛弱不振的免疫系統，就算只是碰到小小的批評、中性的回饋、別人的疑問，也可能讓我們的情緒感冒、生病。儘管充斥羞恥感的那部分自己，總是讓人感到徬懷無助，但它的破壞力強大，甚至足以吞噬我們與自己、與他人建立連結感的能力。羞恥感就像是一顆洩了氣的自戀氣球，這世界上的一切都會被你拿來作為驗證自己沒有價值、極度失敗、充滿缺陷、破碎不堪的證據。自我批評與羞恥感都會澈底破壞我們的關係，當我們以這部分的自己生活時，通常就會無法真正地與他人建立關係，或者無法對自己的行為負責。但請記住，我們不是只有這部分的自己。自我批評與羞恥感會嚴重扭曲我們對於自我、他人、世界的認知，如果生活是由這部分的自己主宰，就可能帶來很多毀滅性的後果——但是，這部分的自己，不是我們的全部。

和依附類型一樣，這部分的自我也可以經過療癒和轉化。許多心理治療方法，例如慈悲焦點治療*、敘事治療、內在家庭系統療法†，就是希望能把這些內在的負面對話外部化，嘗試了解它們是在自我保護，還是正在承受可以協助釋放的痛苦、創傷與情緒負擔。

這種整頓內在自我的工作，可能鬆動它們過往對我們的箝制，點亮更多的自我肯定。如果這些有問題的部分能夠有所調整、緩和、更新或蛻變，那些過往被否定或放逐的其他自我，包括我們自信、意見音、快樂、熱情、創意、性欲，都可能回歸並重新整合，並讓我們能用更好的方法和自己對話，鼓勵自己發展興趣、感到興奮、出外玩樂、肯定自我。發展內在的自我慈悲感，對於面對自我批評與羞恥感，以及發展出安全的關係依附，都是非常重要的。我將在下一節處理這部分。

需要審視的問題

- 你現在都如何表達對自己的肯定？
- 你要如何對自己表達更多肯定？
- 你是否飽受會破壞自我價值與肯定的自我批評、羞恥感所困？
- 如果你的內在更看重對自己的肯定，你自己和你的人際關係可能會有什麼不同？

值得嘗試與實驗的事情

- 去約會，或用真正喜歡的東西自我犒賞。

- 聽聽自我催眠的音樂，或想想你自己希望獲得的肯定是什麼。
- 寫一封情書給自己，或者列出你欣賞自己的所有事情。
- 展開感恩練習，記得也要感謝自己。
- 開始處理你的自我批評聲音與羞恥感，嘗試運用ＩＦＳ療法、敘事療法、慈悲焦點治療等聚焦於個人內在的治療方法。
- 閱讀瑞克．漢森的《大腦快樂工程：發現內在的寶石，像佛陀一樣知足》一書，或喬．迪斯本札的《邁向超自然》一書。這兩本書都聚焦於如何在你的內在環境中創造正面變化。
- 辨認出你身上能夠安全運作那一部分的自己，試著讓它們扮演更重要的角色。你要透過哪些練習與觀點，讓你更喜歡的那部分自己成為日常生活的核心？
- 讓自己大笑，尋找幽默感。

* 慈悲焦點治療（compassion-focused therapy），由保羅．吉伯特醫師開發的一種認知行為治療法，主要以慈悲心的思維訓練，幫助人們透過同情和自我同情來發展內心溫暖、安全、舒緩的體驗。

† 內在家庭系統療法（Internal Family Systems，常簡稱ＩＦＳ療法），由理查．施瓦茨醫師開發，用於識別和處理每個人心理系統內（猶如家庭成員般的）多個「次人格」的心理療法。

○ A：同步與調和你自己的情緒

情緒同步（參見前文頁三三—三四說明）是安全依附的核心，沒有它，就不可能建立安全依附。在童年時期出現依附斷裂時，我們發展自我調節與感通情緒的能力就可能會受到阻礙。如果我們的需求在童年時期沒有獲得滿足，依附對象也無法協助我們學習辨認自己的內在體驗、理解自己的情緒並安撫自己，我們在長大成人後，就會比較難以辨認自己的感受，難以確認自己的需求，也難以成為自己的照顧者，協助自己的身心靈平靜下來。當然，如果我們總是得透過「由外而內」的方式來理解自己的情緒，我們在關係上也可能遭遇挑戰，甚至會希望伴侶替代我們，照顧我們的情緒。如果我們能夠先自我調和、與自我情緒同步，縱使我們還是會希望獲得伴侶的外部支持，但我們已非把內在的幸福感與良好感受建築在他人的回應之上。

運用到自己身上時，自我情緒同步將讓我們能夠面向自我，更能接受、辨認自己的內在世界。自我情緒同步是一種向內探索，要釐清你自己的感受、需求、想法與體驗，它能夠讓我們更認識自己，並且強化我們自我調節、平撫生理與情緒狀態，以及對周遭環境做出適當反應的能力。不管實際上屬於哪種依附類型，不安全依附的人，或多或少都有點情緒調節或自我安撫的困難。焦慮依附的人偏好向外求助——他們想要被照顧、希望伴侶過度緊張、想要有人來解決或帶走自己的痛苦，或者會希望能有人直接告訴他們正確答案。

焦慮依附難以忍受自行處理情緒，他們會把自己的情緒像燙手山芋一般，丟給伴侶，以消除自己的不適。向外尋求外部調節，通常因為他們不願意自我調節，也排斥自己的自我意識。

逃避依附的人則會想盡辦法地避免和他人做情緒調節，因為他們基本上認為那是個不可能的任務。兒童需要能和依附對象共同調節，如果沒有，他們就會學習斬斷與他人的連結，騰出空間自己調節與照顧自己。就外觀上來看，逃避依附的人似乎都自我調節得不錯，畢竟他們通常很享受獨處，但實際上，他們並不真的自我情緒同步、自我安撫，而更接近採取「自動調節」(auto-regulation)的作法——他們更常採取讓自己分心或直接忽視的作法，斬斷自己和內在狀態的連結，而不非有意識地調和與處理這些內在狀態。

成人或兒童焦慮型依附的人認為，為求生存，向他人求助必須謹慎，且通常會以失去自我意識為代價；排斥型或恐懼逃避依附的人通常認為，向他人求助只是徒勞，或者可能帶來更多危險，因此他們會持續後退，直到失去對他人的意識。我認為，不管具體而言屬於哪種類型，所有不安全依附的人，都應該要尋求支持，以更了解自己。透過指引，不安

調節方式	
自動調節 （自然發生）	• 自我刺激（self-stimulation）或自我安撫（self-soothing）更常是自動運轉的，而非刻意為之。 • 獨立完成自動調節工作，沒有人際壓力。 • 可能會過度專注於某個事物上，多半處於與自我分離或分心的狀態。 例如：吸手指、避免眼神接觸、閱讀、藝術創作、看電視、酗酒、吸毒、自慰、做白日夢、暴飲暴食、狂滑手機。
外部調節 （他人來做）	• 找他人幫忙調節和安撫你。 • 雖然具高度互動性，但一次只能由一人調節另一人。 • 可能會過度關注自己或他人。 例如：要照顧者擁抱或撫摸、找朋友討論你的困擾、去聽現場的脫口秀或音樂表演、去按摩。
互動調節 （我們一起做）	• 和他人互相或共同調節。 • 面對面、眼對眼的接觸。 • 雙方彼此情緒同步。 例如：與伴侶共舞、性愛、互相對話、一起演奏、一起烹飪。
自我調節 （我自己來）	• 主動或有意識地透過自我安撫、自我刺激的技巧，來調節自己的狀態。 • 有能力控制自己的生理或情緒衝動。 例如：藉由呼吸控制、心理技巧（譬如，認知框架重構）、放鬆肌肉、聲音控制等技巧，讓自己平靜下來。如果是有意識的，某些自動調節行為也可能是自我調節。

表 9.1｜調節類型，改編自史坦．塔金在《我們願意：進入一段有深度、真正相連、充滿愛的關係》一書中所提出的「四種調節與自我照顧的策略」。

全依附的人才能夠把他們自己的真正需求、偏好、欲望連起來，而不是直接陷入他們內在所預設的反射防衛機制。我們可以透過技巧讓自己平靜下來、處理內在的自我批評聲音，也可以透過一些策略，協助我們強化內在的自我照顧策略。就算過往不曾被他人好好照顧，但我們的內在天生擁有一個照顧行為系統，可以透過練習來啟動和運作。我們可以學習透過建立自我慈悲感，學習如何用前所未有的方法重新照顧自己。透過練習自我情緒同步、學習正確的自我調節與自我安撫方式，不要在陷入困難時採取分心或逃避的作法，每一種不安全依附的人都可能從中獲益。能夠和不適感共處，或者能夠感到痛苦或快樂但不至於崩潰或退卻，都可能產生療癒效果，並且讓人們有機會繼續向前，走到自己內在的避風港和安全堡壘中。不同的不安全依附類型也各自有些適合進一步發展的方法。

以下是各種不安全依附類型可以各自加強的面向：

焦慮型

- 請專注於強化你的自我意識。試著從確認自己的價值觀、需求或好惡開始。你的動機是什麼？你的夢想、才能、使命與目標是什麼？參考九型人格測驗，或邁爾斯－布里格斯性格分類指標（Myers-Briggs Type Indicator，簡稱ＭＢＴＩ），或者知道你自己使用哪種愛情語言，都可能有所助益。

- 界線、界線、界線！焦慮依附容易讓你對內時產生滲透界線，任他人的意見左右，也容易讓你對外時介入太多，侵犯到他人的情緒、身體或心理空間。創造更多明顯、但不僵化的界線是很重要的，不要再讓自己成為他人的跟屁蟲，學習如何和他人建立連結感，但不失去自己。另外，請把你的內在空間保留給自己，不要全部讓給其他人。
- 仔細辨認自己在何時放棄了自我，學習可以帶你回到你自己的身上與內在世界的各種技巧。本於身體的冥想或自我意識練習，都能夠讓你更能與自己同在。
- 在和伴侶共同調節時，請確保過程是雙向而互惠的。請確保你沒有只顧自己、沒有過度犧牲，你也沒有索求無度，要求他們不顧自己。
- 試著讓自己能夠被愛。儘管焦慮依附的人很常抱怨自己獲得的愛與關心不夠，但在他們真正獲得時，卻往往不知道如何對這些愛敞開心胸，不知道如何被愛。面臨真正的愛、連結感與養分時，你會出現哪些障礙或防衛機制？
- 學習可以解決、處理焦慮的技巧，不要把焦慮投射到別人身上，或者帶到感情中。

排斥型

- 需要支持並不代表你很弱、黏人、很廢。排斥型依附的人常常會在自己有需求時，產生有毒的自我羞恥感。請試著接受，每個人都會需要被支持與關心，這很正常健康，並不是能力不足或不夠獨立的表現？請接受完整的自己。
- 面對安全的人，試著自我揭露、分享再多一些，讓人們可以稍微窺見你的內心。稍微鬆動你的嚴格界線，試著讓你自己再跨出一些。
- 同時，試著讓別人再跨入你的世界一些。允許他人影響你的感受，允許他們的經驗、需求、意見或回饋影響你的看法。
- 試著改變那個總想自力更生的自己，試著更依賴你的伴侶，從他們那邊獲得更多的支持、養分與連結感。可以從小小的請求開始練習。我第一次要求我的伴侶在來我家的路上順便幫我買優格時，我差點恐慌發作；我認為我做了一個過分的要求，雖然根本是他自己先停下來，主動問我需不需要買什麼東西。
- 喚醒你的身體。排斥型的人通常只有大腦活著，彷彿脖子以下的身體都不存在。嘗試運動、身體冥想、意識練習，這些都可以讓你喚醒你的身體，允許和忍受一些感覺進駐。

- 學習如何表達你的感受和需求。這說起來容易，但做起來難，因為這個能力沒有開關，只要改變行為就能開啟或關閉——你必須花時間學習與發展。請對自己有耐心。

恐懼逃避型

恐懼逃避型的人，不是採排斥型調節，就是採焦慮型調節，但也可能兩者同時發生，所以你可以同時檢視前述的建議，選擇跟你狀況最相符的類型。除了前述建議之外，你還可以：

- 嘗試建立內在的安全感，創造自己很安全的身體感受、知道自己可以放鬆，即使是獨處。如果你會有創傷經驗，通常會需要專業人士的協助。
- 建立內在的庇護感。整頓內在可以讓你辨識哪部分的自己可以保護你，不會傷害你，也不會傷害其他人。讓這些帶有庇護性質的自己，成為日常生活的核心，也會很有幫助。
- 回想某個讓你覺得自己受到保護的人或瞬間，讓這種記憶在你的體內重現，可以讓你產生一種受到保護的身體感受。就算照顧者是有害的，或無法提供保護，我們通常還是可以辨認出其他能夠保護我們的人，例如親戚、老師，或者社區中的某個人。

如果你完全想不到任何自己受到保護的人或瞬間，可以從神話、虛構情節或精神信仰領域中，找尋可能和你產生共鳴的角色，或者能夠讓你建立保護感受的能量。

- 確認關係中是否出現情感操縱、控制或自戀等情感濫用與虐待的徵兆。恐懼逃避型的人容易下意識地將伴侶的辱罵與病態舉止視為正常，請尋求協助，確認何謂健康（何謂不健康）、何謂虐待（何謂關心）、何謂成癮（何謂真摯）。
- 請和真正善良、安全，且願意支持你走過療癒過程的人相處。

需要審視的問題

- 對你來說，自我情緒同步是什麼樣子？
- 你都用什麼方式自動調節或利用他人調節，以避免自我調節？
- 對你來說，自我調節是什麼樣子？
- 你要如何加強你的自我情緒同步與自我調節？
- 你與你內在的照顧者是什麼關係？這部分的自我要如何變得更為核心？

值得嘗試與實驗的事情

- 獨自度過一段安靜時光。
- 練習正念或以呼吸為基礎的練習，幫助你調整自己的身體、心靈和思想。
- 練習自我慈悲正念。
- 試著寫日記。
- 試著自我催眠。
- 學習自我同理心的技巧，能協助你辨認自己的感受和需求，並請盡可能滿足這些需求。
- 確認哪些不同的感官體驗（例如視覺、氣味、聽覺、觸覺、味覺）讓你平靜或感到刺激；需要自我支持時，也可以試著運用特定的香氣或音樂類型。
- 嘗試讓你內在的照顧者運作起來，如果有需要，可以尋求專業的協助。

○ R：賦予自我安全感的儀式和規律

任何與自己的安全關係，都會有一些可以協助你自我照護與修復的儀式與規律。在我們的童年時期，常常會有明顯可見與可預期的結構與規律，以滿足一日所需與成長所需的各種身體需求。

我們長大成人後依然如此——我們自有一套睡眠、飲食、休憩與性行為的作息，一旦這些作息亂掉，就可能帶來不適，男性和女性荷爾蒙都有週期性的波動，會影響我們的情緒、精神、敏感度，以及易怒、易沮喪的程度。與自我建立安全依附，代表你也需要了解你在生理、情緒和心理上的內在節奏，並找出一套最能配合自己需求與節奏的規律與日常習慣。

比較盛大、特意舉辦的儀式也很重要。在西方文化中，希望帶領我們邁向更成熟自我階段的儀式幾乎已經所剩無幾，少數殘存的儀式（例如入教儀式、受洗典禮、結婚典禮、成年禮、高中或大學的畢業典禮），卻又因為遭到高度商業化，已經逐漸脫離了其傳統目的——過往典禮的參與者會意識到，自己在經過儀禮後，就能夠獲得身心靈上的充足準備，但現在這些儀式，幾乎已經徒具形式。喪失這種文化性的通過儀禮，代表我們也失去了過去幾千年來，人們為了協助我們適應日常生活事件（以及隨之而來的意識層次衝擊）所特意安排的儀式環境。

舉例來說，印度教傳統中的「四行期」制度（梵語稱為ashrama），如果信徒已經完成學業、已經成家立業，也已經完成了所有他在塵世間的應盡責任，他就應該進入「遁世期」（梵語稱為sannyasa），放棄一切的世俗事務與物質追求，準備讓自己邁向死亡、放棄軀體。

沒有這類的文化習俗，我們常常就得在缺乏支持社群、對於死亡也缺乏明確文化想像的狀況下，獨自面對臨終階段所帶來的焦慮和壓力感。

在當代的西方社會，人們很流行前往南美洲、中美洲，透過死藤水儀式的體驗來療癒、發現自我——這種「迷幻文藝復興」（psychedelic renaissance），不僅凸顯了我們周遭文化環境確實缺少這類重要儀式，也讓我們看到，人們對於這類儀式可能賦予的自我意識，抱有多麼迫切的需求與渴望。包括卡爾．榮格、泰瑞司．麥肯南與其他哲學家等人都已經指出，西方文化中的多數聖禮內容相當空泛，在現代情境下往往難以改變儀禮參與者的實際意識感受，因此隨著時間流逝，聖禮最終也流於象徵、徒具形式。不過，我們當然可以自行讓各種傳統儀式重生，甚至可以創造新的儀式，讓我們能夠在現在的世界與社會中，更順利快樂地前進。

在和自己建立安全關係時，最有影響力的日常規律，就是我稱為「自我校準」（self-alignment）的練習。逐漸清掉自己身上的各種不安全依附碎片後，我們就能看到那個比較安全的自己，可以持續培養、可以和他對齊。很多人對於人有更好、更高的自我這點有些概念，或我稱之為安全的自我或經過校準的自我，也就是和自身的技術、價值、願景、道德都更貼近吻合的那部分自我。如果我們能夠盡量讓這個面貌的自己成為日常生活的主角，我們就更容易能用更平靜、快樂、愛與接納的狀態生活。

如果我們不斷餵養心中那個負面、消極、咄咄逼人、強迫性的自己，任其滋長，就會鞏固這樣的負面內在結構；但同樣地，如果我們可以不斷和那個最安全、充滿愛與快樂的自我校準、用可以看見自己美好特質的透鏡生活，我們就可能穩定這種正面結構，直到我們終於完全成為那個人。

需要審視的問題

- 你有什麼用來自我照護、提升幸福感的日常規律或儀式？
- 你每天或每週需要增加哪些日常規律或儀式，才能更妥善地自我照護、提升幸福感？
- 你是否希望參與更盛大的儀式或通過儀禮？
- 你目前都如何和安全的自己校準、對齊？
- 你還能如何和安全的自己校準、對齊？

值得嘗試與實驗的事情：

- 根據你最理想和自然的節奏，來規劃你一天或一週中睡覺、飲食、休憩、情感交流或性行為的作息。調整你目前的生活，稍微往這個規劃靠近。
- 試著在這個理想規劃中，納入和自己安全獨處的活動與儀式。在你目前的生活中添加這些活動與儀式，可以先從每天五分鐘開始。
- 規劃舉行或參與你認為有幫助的大型儀式或通過儀禮。在網路上簡單搜尋看看，應該可以給你一些靈感。很多地方都會安排集體儀式，例如禪修、薩滿鼓工作坊等等。找一個你認為會有幫助的活動嘗試看看。
- 嘗試丹尼爾．P．布朗博士所開發的「理想家長形象」（Ideal Parent Figure）* 方法，讓你重新認識過去，並強化現在的安全感。[74]
- 為安全的自己下定義。這個部分的你是什麼樣子？他（你）如何行動？秉持什麼樣的價值觀與原則？你可以試著探索不同的技巧與練習，讓你能夠跟安全的自己同步。

○ T：內在衝突後要面對自己，進行觸發管理

前一章的T，主要是關於伴侶在衝突、斷裂、爭執、誤會之後，要如何繼續面向彼此、修復關係；不過，和我們自己修復關係也很重要。當自己犯了錯、當不同的自我相互衝突時、當我們沒有達到自己設立的標準、道德或期待——我們在這些時候如何對待自己，會強烈影響我們得否建立一股強烈、穩固的內在安全感。在E的面向（表現對自己的喜歡），我已經提過處理自我批評的重要性，在這裡也一樣。

當自我批評不斷抨擊、霸凌、灌輸你各種自我懷疑的想法時，學習如何面對這些聲音、奪回你自己的主導權，是很有幫助的。如果不加以控制，這些自我批評也可能持續讓我們陷入焦慮與逃避依附，帶來嚴重的破壞。

有個可以處理自我批評、降低其暴戾影響的作法，就是嘗試翻譯它想傳遞的訊息。如果我們可以和這部分的自我對話、問它為何要如此窮追猛打，我們就可能察覺，自我批評的根本動機其實是想要保護我們——希望我們不要受傷、不要看起來難堪、不要被討厭、不要一蹶不振；正面來說，這部分的自我其實是希望能確保我們的安全感，以及我們已經獲得了某程度的愛、接受與社會包容。諷刺的是，這些自我責罵、「你應該」、羞辱的作法，

* 一種成人依附障礙的治療法，主要是讓個案透過刻意的觀想練習，在腦海裡「視覺化」與自己理想中的父母互動的情境，重新建立內在安全感和支持力量。

都只是適得其反。不過，如果我們能夠辨認出自我批評的正面意圖，我們就能獲得解讀其意圖的能力。

舉個例子，如果自我批評的聲音說，告訴伴侶我被某事傷害有夠無謂、可悲，只是顯示我有多敏感、多黏人——此時我就會開始好奇，它的意圖為何？在這個例子中，它其實是希望透過阻止我向伴侶自我揭露，避免我受到更多的傷害，因為它擔心我無法獲得我真正需要的照顧與聆聽（對，這跟我過往曾遇伴侶充耳不聞的歷史有關）。換言之，如果在它浮現時，我注意到它的警訊，我可能就會優先提供我自己真正需要的東西，也就是承認、接受我的感受，並且照顧我自己。

由於我能夠翻譯自我批評所說的話，並且透過自我連結與自我安撫，成為自己的避風港，接著我就能夠用更強調自我需求的方式，向我的伴侶靠近，而不是從自我批評的角度出發。

開發內部家庭系統療法（IFS）的理查·施瓦茨曾經強調，在關係中，我們可以「代表」部分的自我發言，但不要「從」他們的角度發言。[75] 如果我直接從自我批評的角度發言，我可能會責怪我的伴侶或我自己，而這將讓我們彼此更為疏遠。如果我是代表曾經受過傷的自己發言，我們之間就會有較多可能性，也比較可能滿足彼此的需求。翻譯自我批評的話語，需要一番努力。自我批評展現的是我們大腦中各種根深柢固的念頭，不可能一夕之間發生改變；不過，如果可以辨認出自我批評的深層意圖，如果可以不要被它的訊息矇騙，而能夠反覆地重新詮釋，終究可能獲得回報，而且非常值得我們努力。

管理觸發因子，是另一個和自己建立安全依附的重要元素。所謂的觸發因子，就是會重啟過往痛苦或創傷經歷的當下事件，因為兩者事件有些相似。被觸發時，我們通常很難確認自己當下反應的真假，也很難確認自己的反應是否受到過往的影響。

數百萬年的進化歷史，讓我們天生具有一種壓力反應，好讓我們得以在生死交關時可以生存。當感覺到威脅出現，我們帶著爬蟲類與哺乳類習性的原始大腦就會啟動，產生戰鬥與逃跑、僵住與裝死、安撫與投降等反應。這個系統可以協助我們快速地偵測環境是否安全，並且引導我們做出相應的反應，但有趣的是，我們的大腦難以區辨對身體的生命威脅，跟對自我、身分或世界觀的情感或精神威脅。因此，當我們認為自己犯了錯、當有人挑戰我們的世界觀、當我們認為有人會評判或拒絕我們時，我們就可能被觸發，並且進入戰鬥／逃跑／僵住／安撫的反應。在現代世界，儘管構成威脅的不是洪水猛獸，而是在你身邊傳訊息給其他人的伴侶，或者和你約會卻遲到二十分鐘的人，你的身體還是會像面臨生死交關那樣回應。

我們的身體並不是為了現代生活的日常壓力或面對這些觸發設計的，所以能夠學會管理這些觸發因子，對我們的身心健康格外重要。我認為，這應該被視為一種基本生活技能，可以用來確保所有關係都是健康和成功的，無論是和家人、朋友、同事、父母，還是愛人。在我開始處理多重伴侶關係的個案、我自己也轉變為多重伴侶關係之後，我發現，了解自己何時會被觸發以及如何化解非常重要。在多重伴侶關係中，我們會需要更多處理觸發因子的技巧，因為人數變多，親密關係的複雜度也會增加。

當然，很多人可能認為這種關係複雜度相當美麗，因為它能帶來更多深刻的社群感受，但這種複雜感也可能提升所有人——不同愛人、伴侶的情人、伴侶的其他親朋好友——被觸發的機會。

多重關係有時也會出現自己完全沒意識到的觸發因子，因為它們以前在單偶脈絡下並未浮現。但就我個人而言，我認為觸發因子可能成為一種禮物——當然，在被觸發的當下，它絕對感覺不像禮物，但如果我們接近這些觸發因子時能心存好奇、學會不要採取直覺的反應，我們就可能將它們轉為強化伴侶感情的好機會。同前所述，我們要學會如何「代表自我」發言（而不是被代表發言），也要學會如何「回應」觸發因子（而不是單純的「反射」）。理解你自己的觸發因子，能夠有效地讓你療癒過往的痛苦，並且將你從過往的信念或敘事中釋放出來，如果能夠妥善面對，你就能用你真正偏好的自我表達方式來過生活、處理感情，讓你的生活充滿愛、情感、自主選擇，而不會只有反射動作。

需要審視的問題

- 當你犯了錯，或者達不到自己的標準和期望時，你會如何對待自己？
- 當你有內心衝突時，你如何回應自己？
- 你希望如何以不同的方式對待自己？
- 如果你真的用不同的方式對待自己，會出現什麼新的可能？
- 你多常會被觸發？這對你有何影響？
- 你如何更妥善地管理你自己的觸發因子（包括事前預防，也包括被觸發的當下）？

值得嘗試與實驗的事情：

- 當自我批評的聲音出現時，不要直接相信，試著和它對話，詢問它的目的、確認它是不是想保護你。你可以直接開口、在內心默念，或者用書寫的方式進行。持續與它互動，直到你搞懂它的正面意圖為何。

- 只要你找出它的正面意圖，當它再次出現時，你就知道如何翻譯了。
- 試著透過閱讀、上課、參加培訓、尋求專業協助，來處理你的自我批評、管理你的觸發因子。
- 無論你有多被觸發、焦慮或失控，請記住，你有能力改變這個刺激系統，讓自己平靜下來。你可以採取有意識的腹式呼吸（就算只有六十秒），這是個能夠快速降低激動狀態，讓身心回歸穩定狀態的有效方法。
- 嘗試認知再評估（cognitive reappraisal）或認知框架重構（cognitive reframing）等技巧，它們可以讓你重新詮釋周遭狀態，並改變你的情緒反應。例如，如果你很久沒收到伴侶的訊息，與其認為他們不愛你、想要疏遠你，不如轉個念頭，或許他們正在忙，或者手機沒電了。
- 又例如，如果你因為伴侶或伴侶的情人而感到難受，試著轉換到他們的觀點，或試著想想，當他們處於你的情境時，是不是也一樣難受。
- 閱讀迪爾德麗・費的著作《邁向安全體現：面對創傷與斷裂的實用方法》。
- 閱讀邦妮・魏斯與傑伊・厄利合著的《擺脫自我批評：自我治療的取徑》。

在本章中，我們解釋了要如何獲得後天的安全依附，以及如何將建立多重安全狀態的HEART方法運用到自己身上。要改變你根深柢固的習慣與信念並非易事，難以一蹴而就，但確實可能，由於它可能澈底翻轉你的生活，非常值得一試。不過，處理依附挑戰的過程中，會遇到一個矛盾之處。有人可能會建議你先和自己建立安全依附，再和他人建立安全關係；也有人會說，你得先和其他人建立安全關係，才可能和自己建立安全依附。以成人而言，我認為這兩種說法都是對的。你的童年經歷、你的多重伴侶經驗是否痛苦、你的個人成長歷程，都會影響哪種作法最適合你。有人會需要先暫停關係、面向自我，並且療癒、解構、重建自己，先讓自己變得更強壯、健康，才能夠和他人建立安全的關係。但也有人在開始整頓自己的內在世界之前，會需要先體驗過被理解、被愛、被滿足的正面感受，這些體驗能夠讓我們建立安全的外在關係，接著再讓我們產生足夠的自我價值、勇氣與面對自我的能力。實際上，這些體驗可能彼此交替，但也可能同時發生——我們可能既擁有療癒性、支持性的感情，也正在整頓自己的依附挑戰。無論哪種路徑的HEARTS比較適合你，請選擇對你或你的關係最有效、最合理的方式讓它開展，並請記住，過程可能會有些迂迴，不要心急。

CHAPTER 10 常見問題和最後思考
Common Questions and Final Thoughts

在本書結束之前，我想分享幾個我常被問到，值得在此一併回覆的問題；接著，我會提供一些最後的建言給各位。

我可以擁有多少段以依附為基礎的多重伴侶關係？

我常被問到這個問題，但大家可能得失望了，因為我無法提供一個確切的數字。也許未來有研究可以回答我們，究竟多重伴侶關係中最理想的依附對象人數為何，但我個人持保留的看法，因為就我的觀察，這真的得視具體情況而定。很多因素都可能影響你究竟能同時跟多少伴侶建立起基於安全依附的關係，例如，你的工作會占據你多少時間與精神？你有孩子嗎？如果有，總共幾位？他們多大？你正在照顧年邁的父母或其他成人嗎？你還在讀書嗎？你的生活是否穩定？你的健康狀況如何？你或你的伴侶是否有任何特殊需求？

你療癒自我創傷和不安全依附的狀態如何？你有沒有什麼重大興趣或愛好會耗費你很多心神？你是否正經歷人生的重大轉變（例如離婚、搬家、轉職、性別身分轉變或剛或離開宗教團體）？你是否處於特別適合或特別不適合與人交往的生活階段？——以上這些問題，都還只牽涉到一個人究竟有多少感情能量可以用來建立安全的關係。這不只關乎你個人多忙碌，還要看你整個生活有多滿、多飽和。

在多重伴侶關係的世界中流行一句話：**愛是無限的，但時間和資源不是**。此言明確點出了絕對理想與相對現實間的矛盾——愛是無限的，所以我們能夠同時愛很多人，但我們都身處於這個具有相對性的時空中，所以在現實中，我們不可能擁有無限多的伴侶。針對以依附為基礎的關係來說，這句尤其中肯，或許我們可以把它改寫成這樣：**愛是無限的，但安全依附不是**。由於不是所有關係都必須以依附為基礎，你當然就可能擁有很多位戀人或性伴侶，不過，在你開始退讓或沖淡部分基於依附的關係前，先誠實地、實際地評估自己究竟能夠投注時間與心力跟多少人建立多重安全關係，是很重要的。另外，也應該先思考，若你最重視的是你與自己的安全依附，這是否會增加或減少你能夠提供給他人的東西？

出現依附問題時，我們是不是應該先回到封閉的關係？

我的答案還是一樣：要看狀況。我們都知道光譜的兩端是什麼——一方面，關閉一段開放的關係，對於關係內外都可能造成傷害；但另一方面，在已經存在明顯依附困擾的狀況下硬要開放關係，也可能會對產生不安全依附的人或關係，帶來無法彌補的傷害。有些人很快就會建議卡關的情侶放棄，先專注在彼此身上，並且花時間療癒這些依附困擾。當然，如果這個建議適用於你跟你的伴侶，那也很棒。但我通常在面對個人或一對情侶時才會將此視為上策，因為我們必須要謹慎，不能恣意地把對單偶關係的建議，運用到多重伴侶關係的情境上。不是只有剛開放的單偶關係會出現依附問題，採行獨身多重伴侶關係的人，或者長年採行多重伴侶關係的人也會遇到，所以請不要貿然地關閉一段關係，或把依附視為萬靈丹。

根據我過往與個人、情侶、多重伴侶個案的合作經驗，當人們在多重伴侶關係中萌生不安全依附問題時，可以嘗試很多不同的作法，包括先關閉關係、暫時停止約會、設定關係限制、維持完全開放。每種做法都各有優缺點、限制與自由度。儘管多重不安全感的體驗絕對不好受，但要你改變行為以支持你的不安全伴侶，也有些強人所難。要決定哪些選擇最適合你和你的關係時，請記住，建立依附關係不是短跑，更像是一場馬拉松，所以請務必考慮下列兩個重點：

1不安全依附的情況有多嚴重？是輕度、中度，還是已經嚴重到可能影響日常生活運作、幸福感或心理健康？

2由一人或兩人決定要開放或封閉關係，對於那些沒有不安全依附感受的伴侶來說，可能帶來多大程度的傷害？請注意，「造成不適」與「造成傷害」是非常不同的兩件事。

下列的部分方案，可能都會讓所有關係當事人感到不適，但它們都不應該造成傷害。即使有些方案令人不太舒服，也不是你在理想狀況下會做的事情，但如果跟其他正在持續傷害你、你的伴侶、你情人的伴侶的狀態相比，下列方案或許依然值得作為你暫時性或妥協性的選擇，只要你認為這樣做對於你的幾段關係比較健康。

關閉：

當不安全依附感的問題浮現時，可以選擇暫時把關係「關」起來。一般而言，當關係關閉之後，你跟你的伴侶都要停止使用交友軟體、停止跟任何以前的情人聯絡或約會。基本上，你們將會暫時回到單一伴侶關係的狀態。暫時關閉，可能有助於你專心療癒你的依附困擾，尤其是你的不安全依附感極度嚴重的時候。此處需要注意的是，依附療癒不可能在一夕之間完成，甚至可能你永遠無法百分百痊癒、無法完全準備好要重新開放關係，所以你終究可能會在某個時候，再次面對過渡到多重關係時的情緒挑戰。

只有當你和伴侶都具備足以共渡難關的內在基礎與人際互動能力時，再選擇關閉會比較理想。就我目前觀察，在下列情境選擇關閉效果最好：

- 你目前單身，你決定避免約會或建立關係，直到你覺得自己可以、也準備好安全地重啟關係。
- 你處於一段新的開放關係中，其中有一至兩位伴侶出現不安全依附感，你們目前都沒有其他關係，不會有其他人因為你們關閉關係而遭到拋棄或傷害。
- 你對多重伴侶關係不陌生，你現在只有一位伴侶，沒有其他關係。
- 你對多重伴侶關係不陌生，你有多位伴侶、多位伴侶的情人，但對於你要先休息一下、專心處理你在主要關係中的依附困擾，他們真心覺得沒問題。通常這些關係都不是以依附為基礎。

暫停：

距離澈底關閉還有幾步之遙的，就是暫停。暫停與關閉不同，關係暫停時，既有的人際連結還是會保留，只是在這些關係的發展進度上按了暫停鍵而已。

關係暫停時，你還是能夠以朋友的身分跟伴侶交談跟傳訊息，或者見面相處，只不過他們暫時離開關係中跟性或愛比較相關的位置。這種做法可能很有幫助，因為你不需要完全捨棄某些可能對你很重要的關係，但你仍然可以從多重伴侶帶來的額外依附壓力中稍事休息。我有位個案就把她的關係暫停狀態稱為「依附研究假」，她告訴她所有的伴侶說，她無意結束或改變關係，只是她選擇中斷聯繫六週，做好自己的內在依附療癒工作；六週後，她預計重返這些戀愛關係之中，彷彿她只是去休假而已。她的所有伴侶後來都願意配合她的休假，也同意只有緊急狀況才會跟她聯繫。在下列情境中，關係暫停可能發揮效果：

- 當提議暫停的人，是彼此的生活不那麼緊密交纏或者承諾程度較低的伴侶。
- 提議暫停的人，雖然有生活緊密交纏或者承諾程度較高的伴侶，但他們全都同意暫停，通常因為他們還有其他伴侶能夠尋求性或愛、他們感到安全，而且暫停的時間不長，所以他們願意等待。
- 當事人更傾向不定義關係或流動關係的狀態，而且每位參與者都能夠自在地調整自己投入的性或愛的程度高低。

創造一艘飛船：

如果不安全依附感出現在多分子群體中，我曾看過有人會改採一種暫時性的多重忠貞型態——所有現存的關係都維持原樣，但不會有新的伴侶加入。可能是關係中的所有伴侶都維持多重忠貞一段時間，但也可能只有部分伴侶這麼做。這個做法，是我一對採行多重伴侶制的夫妻個案所自創的，他們將其稱為「飛船」。當時，那名丈夫出現一種嚴重的不安全依附感，雖然根源自他的童年，但妻子擁有另外兩位伴侶與潛在追求者，這種感受就會反覆地被觸發。我們第一次諮商時，他開始懷疑自己是不是完全無法採行「任何一種」多重伴侶關係，但當我們知道他的反應源頭時，採取這個「飛船」的方案，似乎就變得比直接放棄多重伴侶關係來得更可行。以下摘錄他們的說法：

丈夫：

我是從交換伴侶轉換到多重伴侶關係的，一直很習慣可以和妻子分享經驗的安全感。採行多重伴侶關係的第一年讓我非常困惑，我不但沒有與妻子建立更深的連結，看到她輕易地就能駕馭多重伴侶關係，我自己又很難找到我所渴望的感官刺激或性愛經驗，我感到被她拋下了。

我的焦慮依附主要來自我童年時期的創傷，但當她每週出外約會時，我得在家裡試圖擺出友善並鼓勵的表情，總是讓我的舊傷蠢蠢欲動。我腦海中不斷浮現兩隻飛行中的鳥，一隻高，一隻低，反映出牠們多重伴侶關係經驗上的差異。

我的妻子總是飛得比我高，有時我甚至覺得她已經看不到我了，已經為了別人和其他經驗把我拋下。

這個「飛船」的想法，是我和潔西卡在一次諮商中想出來的。我發現，我焦慮的是我妻子擁有的伴侶數量比較多，而不是她和目前伴侶在感情上所發展的深度和親密程度，後者對我來說很美好，完全不具威脅性。真正觸發我的是伴侶人數的擴張，而不是跟個別伴侶的感情深度。

我與妻子談好，這艘飛船將會持續四個月，除了我之外，她還是會繼續和她的另外兩位伴侶在一起，但她不會在我們的多分子中增加任何新人。在這種安排下，她在那四個月中可以盡情隨意地跟那兩位伴侶深入交流，但她不會尋找更多新的伴侶，擴大伴侶的人數。

當她完全同意這麼做時，我整個人都放鬆了下來，既然她願意幫忙，我就也不用成天想著她的多重伴侶關係，可以認真地做好我該做的，也就是困難的情緒與依附治療工作，這樣我才能更好地與我自己校準。我開展了一段跟自己的關係，雖然短暫但非常美好，由於我不太需要繼續擔心我和她翱翔時的距離，我才可以專注在自己的飛行之上，維持穩定、減少亂流。儘管，這艘「飛船」有個負面意涵，就是我為妻子設下了如何採行多重伴侶關係的規定，我必須承擔這點。但整體而言，我會說這麼做真的是利大於弊。在這艘飛船方案出現之前，我甚至有點不確定我們的婚姻是否能繼續維繫下去。

當實行飛船的期間即將結束時，我確實有點焦慮，不過設定一個結束時間是很重要的，原因如下：它讓我有機會測試我新發現的價值排序，進而提升了我的自信心；它讓我能夠以不那麼分層式的方式實行多重伴侶關係，對於我的妻子來說，擁有她自己的能動性很重要；它讓我們可以帶著感激之情，回顧這段歷程。飛船是個非常有用的工具，但不是永久之計。

妻子：

這個飛船計畫對我們來說是個重要的轉捩點，它是一個暫時性但完全安全的空間，而這是我們非常需要的東西。對我來說，這艘飛船的優點是：

- 這艘飛船讓我丈夫得以喘息，而這對我也帶來很大的影響。
- 它讓我可以用具體的方式，讓丈夫知道我很關心他的需求和感受。這是我向他展示我非常重視他的一種方式。
- 我不會再越過一些隱形的界線，觸發丈夫的傷痛，所以，對我來說，這是我第一次擁有一條明確的界線！
- 這艘飛船增加了我丈夫的安全感，以及我對他的依附。
- 這艘飛船急遽地降低了我丈夫被觸發的機率，這真的是最令人嘖嘖稱奇的地方。
- 我們本來正在失去彼此，是因為出現了這艘飛船的概念，才讓我們能夠再次成為「我們」。

對我來說，這艘船的缺點是：

- 當我的其他關係狀態沒那麼好，但我丈夫的其他關係卻非常順暢時，我會對於這艘船的存在有點怨懟。
- 要和已經跟我建立了不同程度的愛戀或性關係，但人在船外的對象互動，變得有點挑戰。

不過考慮到整體而言的優缺點，最後我認為，這艘飛船對於我、他，以及我們兩人，都是正確的選擇。

毫無限制、維持開放：

多重不安全感出現時，也可以選擇不做任何改變——對於當下或後續的新伴侶繼續維持完全開放的態度，同時解決不安全依附感。老實說，如果不安全依附的狀況嚴重，我還沒看過這種做法成功過，不過對於輕度到中度的不安全依附，這種做法確實有效。在下列情境中，繼續維持開放可能發揮效果：

- 當事人是在獲得專業協助的狀況下，面對依附挑戰。
- 伴侶都很願意努力解決自己的不安全依附感，也願意練習能夠建立多重安全狀態的HEARTS功課。
- 伴侶願意優先安排時間一起進行需要的治療。

○結語

謝謝各位與我一起踏上這段旅程，雖然本書即將來到尾聲，但我衷心希望你的旅程還沒有結束。儘管我已經在本書中談了許多，還是有很多未能觸及的部分，我相信在本書付梓時，我可能會在某個夜深人靜的時刻醒來，想到我應該在某些地方刪刪減減，或者乾脆加進一整段。

本書已經盡可能涵蓋了依附、創傷、非單一伴侶關係的幾個不同面向，也納入了你可以如何行動，創造更安全的狀態。我希望本書能夠說明依附與創傷在不同層次的表現，強化我們對於這個領域的理解。嵌套模型或許可以適用於其他關於認同與邊緣化的領域。

我希望這本書可以挑戰單偶關係的假設，也就是依附理論只會在單偶關係下運作，我同時也希望本書所涵蓋的概念，對於單偶或多重伴侶的人都能有所助益。不管是對誰，培養對自己的安全依附都會非常有用，無論是對於想要獲得多重安全狀態的人，還是對於希望能夠在特定關係中獲得更多滿足感、安全感、力量的人，都是如此。

關於多重伴侶關係的依附體驗，還有很多問題需要研究和解答。我尤其希望本書可以鼓勵更多人，進一步研究下列議題：兒童的早期依附跟成年的多重伴侶關係有無相關、長期採行多重伴侶關係的人是如何體驗依附的、當我們過渡到非單一伴侶關係時所面臨的依附挑戰，會怎樣影響依附後的發展（就像創傷如何促成後續的創傷後成長）。

我知道這本書並不是解決所有與依附、創傷或非單一伴侶關係相關的萬靈丹，但我仍然希望本書為各位帶來充足的見解、觀點、指引，讓各位知道如何繼續向前。我也希望各位能夠在本書中某些片段看到自己的身影，更希望你對你自己、你的伴侶與他們的情人，可以更為覺察、更有同理心。儘管你過往所受的傷可能很深，可能經歷過讓你感到自己支離破碎、一文不值、不被愛、不重要的過往，但治癒並非遙不可及。我不會騙你：要治癒我們的個人創傷與依附創傷，並且建立多重安全關係，並不是一件簡單的事情，將會需要莫大的勇氣、奉獻、毅力，但請相信我，這絕對值得。只要我們能夠治癒過去，我們就能為未來開闢新的可能性，所以，我也希望你可以開闢一條新的道路，尋求你所需要的支持，並且跟所有你需要、你在乎的人，建立更為多重安全狀態的聯繫。

充滿愛和感激
潔西卡・芬恩

Secondary's Bill of Rights
〈氣候創傷：邁向創傷學的嶄新類別〉
Climate Trauma: Towards a New Taxonomy of Traumatology
〈強暴文化的相反就是養育文化〉
The Opposite of Rape Culture Is Nurturance Culture

其他

戈特曼研究協會 Gottman Institute
刺槐出版社 Thorntree Press
美國心理學會 American Psychological Association

蓋瑞・查普曼 Gary Chapman
蜜雪兒・歐巴馬 Michelle Obama
慕爾斯 Moors
諾拉・莎瑪蘭 Nora Samaran
薛英格 Schechinger
賽門・希尼克 Simon Sinek
邁爾康・富比士 Malcolm Forbes
黛安・普爾・海勒 Diane Poole Heller
羅賓・鮑爾 Robin Bauer
蘇・強森 Sue Johnson

書名

《大腦快樂工程：發現內在的寶石，像佛陀一樣知足》*Hardwiring Happiness*
《打開關係：創造與維持開放關係的指南》*Opening Up: A Guide to Creating and Sustaining Open Relationships*
《多重伴侶關係：婚後去約會》*Polyamorous: Married and Dating*
《多重關係：不設限的新型態愛情》*Polyamory: The New Love Without Limits*
《我們願意：進入一段有深度、真正相連、充滿愛的關係》*We Do: Saying Yes to a Relationship of Depth, True Connection, and Enduring Love*
《兩人以上：道德多重關係的實用指南》*More Than Two: A Practical Guide to Ethical Polyamory*
《信任的科學：伴侶間的情感同步》*The Science of Trust: Emotional Attunement for Couples*
《勇敢去愛》*Loving Bravely*
《圈養配對》*Mating in Captivity*
《道歉的五種語言》*The Five Languages of Apology*
《道德浪女：多重關係、開放關係與其他冒險的實用指南》*The Ethical Slut: A Practical Guide to Polyamory, Open Relationships, and Other Freedoms in Sex and Love*
《精神性多重伴侶關係》*Spiritual Polyamory*
《樂園的復歸？：遠古時代的性如何影響今日的我們》*Sex at Dawn: The Prehistoric Origins of Modern Sexuality*
《邁向安全體現：面對創傷與斷裂的實用方法》*Becoming Safely Embodied: A Skills-Based Approach to Working with Trauma and Dissociation*
《邁向超自然》*Becoming Supernatural*
《擺脫自我批評：自我治療的取徑》*Freedom from Your Inner Critic: A Self-Therapy Approach*
《顛覆世界：養育文化的出現》*Turn This World Inside Out: The Emergence of Nurturance Culture*

文章篇名

〈不定義關係的簡短指導宣言〉The Short Instructional Manifeston for Relationship Anarchy
〈安全依附能如何幫助多重關係的伴侶〉How Secure Functioning Can Help Polyamorous Couples
〈次要伴侶權利法案草案〉A Proposed

名詞對照表

人名

「神祕生活」Mystic Life
丹・薩維奇 Dan Savage
丹尼爾・P・布朗 Daniel P. Brown
丹尼爾・西格爾 Daniel Siegel
日瓦・伍德伯里 Zhiwa Woodbury
丘彼克 Chopick
卡西爾達・潔莎 Cacilda Jethá
卡爾・榮格 Carl Jung
史坦・塔金 Stan Tatkin
史都華・斯莫利 Stuart Smalley
布里特・瑞特 Britt Wray
布芮尼・布朗 Brené Brown
布朗 Brown
伊芙・李凱爾特 Eve Rickert
伊莉莎白・謝夫 Elisabeth Sheff
安迪・諾德格倫 Andie Nordgren
艾咪・慕爾斯 Amy Moors
艾略特 Elliot
艾德斯坦 Edelstein
克里斯・卡敏斯坎斯 Chris Kaminskas
克里斯多福・萊恩 Christopher Ryan
邦妮・魏斯 Bonnie Weiss
亞歷山德拉・H・所羅門 Alexandra H. Solomon
肯・威爾伯 Ken Wilber
金・約翰・佩恩 Kim John Payne
金・基恩 Kim Keane
哈柏特 M. L. Haupert
柯林頓・鮑爾 Clinton Power
珍妮佛・羅培茲 Jennifer Lopez
約翰・戈特曼 John Gottman
約翰・加爾通 Johan Galtung
約翰・鮑比 John Bowlby
迪爾德麗・費 Deirdre Fay
埃絲特・佩雷爾 Esther Perel
泰瑞司・麥肯南 Terence McKenna
納瓦・斯莫拉什 Naava Smolash
茱蒂絲・索羅門 Judith Solomon
馬里奧・米庫林瑟 Mario Mikulincer
馬茲克 Matsick
康里 Conley
理查・施瓦茨 Richard Schwartz
理查・德特斯基 Richard Tedeschi
莉莎・費爾史東 Lisa Firestone
傑伊・厄利 Jay Earley
勞倫斯・卡爾霍恩 Lawrence Calhoun
喬・迪斯本札 Joe Dispenza
富蘭克林・沃克斯 Franklin Veaux
湯瑪斯・赫布 Thomas Hübl
菲立普・R・薛佛 Phillip R. Shaver
瑞克・漢森 Rick Hanson
蒂娜・費 Tina Fey
瑪莉・安斯沃斯 Mary Ainsworth
瑪莉・緬因 Mary Main
瑪莉安娜・皮珀 Marianne Pieper
瑪莉亞・普茲 Maria Pusz，
碧昂絲 Beyoncé

Van der Kolk, B. "Cumulative Effects of Trauma." Collective Trauma Online Summit. 2019. https://thomashuebl.com/event /collective-trauma-online-summit.

Vangelisti, A. L., and M. Gerstenberger. "Communication and Marital Infidelity." In *The state of affairs: Explorations in Infidelity and Commitment*, edited by J. Duncombe, K. Harrison, G. Allen, and D. Marsden. Mahwah, NJ: Lawrence Erlbaum, 2004.

Veaux, F., and E. Rickert. *More Than Two: A Practical Guide to Ethical Polyamory*. Portland, OR: Thorntree Press, 2014.

Wallin, D. J. *Attachment in Psychotherapy*. New York: Guilford Press, 2007.

Woodbury, Z. "Climate Trauma: Towards a New Taxonomy of Traumatology." *Ecopsychology* 11, no. 1 (2019): 1–8.

Wray, B. "How Climate Change Affects Your Mental Health." TED Talk, 2019. Video. https://www.ted.com/talks/britt wray how climate change affects your_mental_health?language=en.

Xu X., A. Aron, L. Brown, G. Cao, T. Feng, and X. Weng. "Reward and Motivation Systems: A Brain Mapping Study of Early-Stage Intense Romantic Love in Chinese Participants." *Human Brain Mapping* 32 (2011): 249–257.

Zeifman, D., and C. Hazan. "Pair Bonds as Attachments: Reevaluating the Evidence." In *Handbook of Attachment: Theory, Research, and Clinical Applications*, edited by J. Cassidy and P. R. Shaver, 436–354. New York: Guilford Press, 2018.

no. 3 (2014): 388–397.

Schwartz, R. C. *Internal Family Systems Therapy (The Guilford Family Therapy Series).* New York: Guilford Press, 1995.

Selterman, D. F., A. N. Gesselman, and A. C. Moors. "Sexuality Through the Lens of Secure Base Attachment Dynamics: Individual Differences in Sexploration." PsyArXiv (2019). https://doi .org /10 .31234 /osf .io /zsg3x

Sheff, E. *The Polyamorists Next Door. Inside Multiple Partner Relationships and Families.* Lanham, MD: Rowman and Littlefield, 2014.

Sheff, E. "Polyphobia: Anti-Polyamorous Prejudice and Discrimination." (2017). https://www .psychologytoday.com /us /blog /the-polyamorists-next-door/201707/polyphobia

Sheff, E., and C. Hammers. "The Privilege of Perversities: Race, Class, and Education Among Polyamorists and Kinksters." *Psychology & Sexuality* 2, no. 3 (2011): 198–223.

Siegel, D. *Mindsight: The New Science of Personal Transformation.* New York: Bantam Books, 2010.

Siegel, D. "The Neurobiology of Attachment" The Treating Trauma Master Series. Main Session #2 (2019): 13.

Simpson, J. A., and J. Belsky. "Attachment Theory within a Modern Evolutionary Framework." In *Handbook of Attachment: Theory, Research, and Clinical Applications: Third Edition,* edited by Jude Cassidy and Phillip R. Shaver. New York: Guilford Press, 2018.

Sinek, S. *Find Your Why: A Practical Guide for Discovering Purpose for You and Your Team.* New York: Portfolio/Penguin, 2011.

Solomon, A. H. *Loving Bravely: 20 Lessons of Self-Discovery to Help You Get the Love You Want.* Oakland, CA: New Harbinger Publications, 2017.

Tafoya, M., and B. Spitzberg. "The Dark Side of Infidelity: Its Nature, Prevalence, and Communicative Functions." In *The Dark Side of Interpersonal Communication* , edited by B. Spitzberg and W. Cupach, 211–252. Routledge, 2009.

Tatkin, S. *We Do: Saying Yes to a Relationship of Depth, True Connection, and Enduring Love.* Boulder, CO: Sounds True, 2019.

Tedeschi, R. G., and L. G. Calhoun. "Posttraumatic Growth: Conceptual Foundations and Empirical Evidence." *Psychological Inquiry* 15, no. 1 (2004): 1–18.

Moors, A. C., J. Matsick, A. Ziegler, J. Rubin, and T. Conley. "Stigma Toward Individuals Engaged in Consensual Nonmonogamy: Robust and Worthy of Additional Research." *Analyses of Social Issues and Public Policy* 13, no. 1 (2013): 52–69, https://doi.org/10.1111/asap.12020.

Moors, A. C., W. S. Ryan, and W. J. Chopik. "Multiple Loves: The Effects of Attachment with Multiple Concurrent Romantic Partners on Relational Functioning." *Personality and Individual Differences* 147 (2019):102–110

Nordgren, A. "The Short Instructional Manifesto for Relationship Anarchy." log.andie.se. Originally published as *Relationsanarki i 8 punkter*, Interacting Arts, 2006.

Perel, E. *Mating in Captivity.* New York: HarperCollins Publishers, 2006.

Perel, E. Polyamory Experts Speak on Non-Monogamy—"Special Arrangements" Discussion Panel. (2014). Video. https://www.youtube.com/watch?v=4iDluKrM-vYw.

Pieper, M., and R. Bauer. "Polyamory and Mono-Normativity: Results of an Empirical Study of Non-Monogamous Patterns of Intimacy." Unpublished manuscript. Hamburg, Germany: Research Center for Feminist, Gender, and Queer Studies, University of Hamburg, 2005.

Power, C. "How Secure Functioning Can Help Polyamorous Couples." 2014. https: / /stantatkinblog .wordpress .com /2018 /01 /15/how-secure-functioning-can-help-polyamorous-couples.

Primack, B. A., A. Shensa, J. E. Sidani, E. O. Whaite, L. Y. Lin, D. Rosen, J. B. Colditz, A. Radovic, and E. Miller. "Social Media Use and Perceived Social Isolation Among Young Adults in the U.S." *American Journal of Preventive Medicine* 53, no. 1 (2017): 1–8.

Rosenberg, M. B. *Nonviolent Communication: A Language of Life.* Encinitas, CA: PuddleDancer Press, 2003.

Rubin, J. D., A. C. Moors, J. L. Matsick, A. Ziegler, and T. D. Conley. "On the Margins: Considering Diversity Among Consensually Non-Monogamous Relationships." *Journal für Psychologie*, 22(1) (2014): 19-37.

Ryan, C., and C. Jetha´. *Sex at Dawn: The Prehistoric Origins of Modern Sexuality.* New York: Harper, 2010.

Schore, A. N. "The Right Brain is Dominant in Psychotherapy." *Psychotherapy* 51,

Pattern." In *Affective Development in Infancy*, edited by M. Yogman and T. B. Brazelton, 95–124. Norwood, NJ: Ablex, 1986.

Mark, K. P., L. M. Vowels, and S. H. Murray. "The Impact of Attachment Style on Sexual Satisfaction and Sexual Desire in a Sexually Diverse Sample." *Journal of Sex and Marital Therapy* 44, no. 5 (2018): 450–458.

Matsick, J. L., T. D. Conley, A. Ziegler, A. C. Moors, and J. D. Rubin. "Love and Sex: Polyamorous Relationships are Perceived More Favourably Than Swinging and Open Relationships." *Psychology & Sexuality* 5, no. 4 (2014): 339–348.

Mikulincer, M., V. Florian, P. A. Cowan, and C. P. Cowan. "Attachment Security in Couple Relationships: A Systemic Model and Its Implications for Family Dynamics." *Family Process* 41, no. 3 (2002): 405–434.

Mikulincer, M., and P. R. Shaver. *Attachment in Adulthood: Structure, Dynamics, and Change.* New York: Guilford Press, 2007.

Mikulincer, M., and P. R. Shaver. *Attachment in Adulthood (Second Edition): Structure, Dynamics and Change.* New York: Guilford Press, 2016.

Mikulincer, M., P. R. Shaver, and K. Slav. "Attachment, Mental Representations of Others, and Gratitude and Forgiveness in Romantic Relationships." In *Dynamics of Romantic Love: Attachment, Caregiving, and Sex*, edited by M.

Mikulincer and G. S. Goodman, 190–215. New York: Guilford Press, 2006.

Mogilski, J. K., S. D. Reeve, S. C. A. Nicolas, S. H. Donaldson, V. E. Mitchell, and L. L. M. Welling. "Jealousy, Consent, and Compersion within Monogamous and Consensually Non-monogamous Romantic Relationships." *Archives of Sexual Behavior* 48, no. 2 (2019): 1811–1828, doi:10.1007/s10508–018–1286–4.

Moors, A. C. "Has the American Public's Interest in Information Related to Relationships Beyond 'The Couple' Increased Over Time?" *The Journal of Sex Research* 54, no. 6 (2017): 677–684.

Moors, A. C., T. D. Conley, R. S. Edelstein, and W. J. Chopik. "Attached to Monogamy? Avoidance Predicts Willingness to Engage (But not Actual Engagement) in Consensual Nonmonogamy." *Journal of Social and Personal Relationships* 32, no. 2 (2014): 222–240.

Moors, A. C., J. L. Matsick, and H. A. Schechinger. "Unique and Shared Relationship Benefits of Consensually Nonmonogamous and Monogamous Relationships." *European Psychologist* 22, no. 1 (2017): 55–71.

cess." *Journal of Personality and Social Psychology* 52, no. 3 (1987): 511–524.

Hazen, N., S. Allen, C. Christopher, T. Umemura, and D. Jacobvitz. "Very Extensive Nonmaternal Care Predicts Mother–Infant Attachment Disorganization: Convergent Evidence from Two Samples," *Development and Psychopathology* 27, no. 3 (2014): 1–13.

Heller, D. P. *The Power of Attachment: How to Create Deep and Lasting Intimate Relationships*. Boulder, CO: Sounds True, 2019.

Heller, D. P., and K. H. Payne. "Secure Attachment Parenting in the Digital Age." 2019. https://attachmentmastery.com/parenting.

Hepper, E. G., and K. B. Carnelley. "Attachment and Romantic Relationships: The Role of Models of Self and Other." In *The Psychology of Love (Vol. 1)*, edited by M. Paludi, 133–154. Santa Barbara, CA: Praeger, 2012.

Hübl, T. The Pocket Project. https://thomashuebl.com /about/pocket-project/.

Johnson, S. *Hold Me Tight: Seven Conversations for a Lifetime of Love*. New York: Little, Brown, 2008.

Johnson, S. Intensive Course in Emotionally Focused Therapy with Sue Johnson: Attachment-Based Interventions for Couples in Crisis. Lesson Two. https://catalog.pesi .com/sales /bh_001234_eftintensive_011518_organic-78213.

Joireman, J., T. L. Needham, and A. L. Cummings. "Relationships Between Dimensions of Attachment and Empathy." *North American Journal of Psychology* 4, no. 3 (2002): 63–80.

Joseph, S. "Growth Following Adversity: Positive Psychological Perspectives on Posttraumatic Stress." *Psihologijske Teme* 18, no. 2 (2009): 335–344.

King, S. "Attachment Security: Polyamory and Monogamy, A Comparison Analysis" (2014). Retrieved from UMI Dissertation Publishing, UMI 3581155.

Levine, E. C., D. Herbenick, and O. Martinez. "Open Relationships, Nonconsensual Nonmonogamy, and

Monogamy Among U.S. Adults: Findings from the 2012 National Survey of Sexual Health and Behavior." *Archives of Sexual Behavior* 47, no. 5 (2018): 1439–1450.

Levy, K. N. "Introduction: Attachment Theory and Psychotherapy: Attachment and Psychotherapy." *Journal of Clinical Psychology* 69, no. 11 (2013): 1133–1135.

Life, M. *Spiritual Polyamory.* Lincoln, NE: iUniverse, Inc., 2004. Main, M., and J. Solomon. "Discovery of a New, Insecure-Disorganized/Disoriented Attachment

Dispenza, J. *Becoming Supernatural: How Common People Are Doing the Uncommon.* Carlsbad, CA: Hay House, Inc., 2017.

Dugna, M. "The Nested Theory of Conflict." *A Leadership Journal: Women in Leadership* 1 (1996): 9–20.

Early, J., and B. Weiss. *Freedom from Your Inner Critic: A Self-Therapy Approach.* Boulder, CO: Sounds True, 2013.

Easton, D., and J. W. Hardy. *The Ethical Slut: A Practical Guide to Polyamory, Open Relationships & Other Adventures*. Greenery Press, 1997.

Fay, D. *Becoming Safely Embodied: A Skills-Based Approach to Working with Trauma and Dissociation.* Somerville, MA: Heart Full Life Publishing, 2007.

Feeney, J. A. "Adult Romantic Attachment: Developments in the Study of Couple Relationships." In *Handbook of Attachment: Theory, Research, and Clinical Applications,* 2nd Edition, edited by J. Cassidy and P. A. Shaver, 456–481. New York: Guilford Press, 2008.

Fey, T. *Bossypants.* New York: Little, Brown, 2011.

Frei, J. R., and P. R. Shaver. "Respect in Close Relationships: Prototype Definition, Self-Report Assessment, and Initial Correlates." *Personal Relationships* 9, no. 2 (2002): 121–139.

Galtung, J. "Violence, Peace, and Peace Research." *Journal of Peace Research* 6, no. 3 (1969): 167–191.

Gottman, J. *The Science of Trust: Emotional Attunement for Couples.* New York: Norton & Co, 2011.

Gottman, J., J. S. Gottman, D. C. Abrams, and R. C. Abrams. *Eight Dates: Essential Conversations for a Lifetime of Love.* New York: Workman Publishing Company, 2018.

Hanson, R. *Hardwiring Happiness: The New Brain Science of Contentment, Calm, and Confidence.* New York: Harmony Books, 2014.

Haupert, M. L., A. N. Gesselman, A. C. Moors, H. E. Fisher, and J. R. Garcia. "Prevalence of Experiences with Consensual Nonmonogamous Relationships: Findings from Two

National Samples of Single Americans," *Journal of Sex & Marital Therapy* 43, no. 5 (2017): 424–440.

Hazan, C., and P. Shaver. "Romantic Love Conceptualized as an Attachment Pro-

Bricker, M. E., and S. G. Horne. "Gay Men in Long-Term Relationships: The Impact of Monogamy and

Nonmonogamy on Relational Health." *Journal of Couple & Relationship Therapy* 6, no. 4 (2007): 27–47

Brown, B. *Men, Women, and Worthiness: The Experience of Shame and the Power of Being Enough*. Audiobook. Boulder, CO: Sounds True, 2012.

Brown, D. P., and D. S. Elliot. *Attachment Disturbances in Adults: Treatment for Comprehensive Repair.* New York: W. W. Norton & Company, 2016.

Butzer, B., and L. Campbell. "Adult Attachment, Sexual Satisfaction, and Relationship Satisfaction: A Study of Married Couples." *Personal Relationships* 15, no. 1 (2008): 141–154.

Campbell, L., J. A. Simpson, J. Boldry, and D. A. Kashy. "Perceptions of Conflict and Support in Romantic Relationships: The Role of Attachment Anxiety. " *Journal of Personality and Social Psych ology* 88, no. 3 (2005): 510–531.

Cassidy, J., and P. Shaver. *Handbook of Attachment: Theory, Research, and Clinical Applications, Third Edition*. New York: Guilford Press, 2016.

Chapman, G. D. *The Five Languages of Apology: How to Experience Healing in All Your Relationships*. Chicago: Northfield Publishing, 2006.

Chapman, G. D. *The Five Love Languages: How to Express Heartfelt Commitment to Your Mate*. Chicago: Northfield Publications, 1995.

Collins, N. L., and S. J. Read. "Adult Attachment, Working Models, and Relationship Quality in Dating Couples." *Journal of Personality and Social Psychology* 58, no. 4 (1990): 644–663.

Conley, T. D., J. L. Matsick, A. C. Moors, and A. Ziegler, "Investigation of Consensually Nonmonogamous Relationships: Theories, Methods, and New Directions," *Perspectives on Psychological Science* 12, no. 2 (2017): 205–232.

Conley, T. D., A. C. Moors, J. L. Matsick, and A. Ziegler. "The Fewer the Merrier?: Assessing Stigma Surrounding Consensually Nonmonogamous Romantic Relationships." *Analyses of Social Issues and Public Policy* 13, no.1 (2012): 1–30.

Cyr, C., E. M. Euser, M. J. Bakermans-Kranenburg, and M. H. Van Ijzendoorn, "Attachment Security and Disorganization in Mistreating and High-Risk Families: A Series of Meta-analyses," *Development and Psychopathology* 22, no. 1 (2010): 87–108.

參考書目
Bibliography

Ainsworth, M. D. "The Development of Infant-Mother Attachment." *Review of Child Development Research*, 3 (1973): 1–94.

Ainsworth, M. D., M. C. Blehar, E. Waters, and S. Wall. *Patterns of Attachment: A Psychological Study of the Strange Situation.* Hillsdale, NJ: Erlbaum, 1978.

Allan, R., and A. Westhaver. "Attachment Theory and Gay Male Relationships: A Scoping Review." *Journal of GLBT Family Studies* 14, no. 4 (2018): 295–316.

Aron, E. *The Highly Sensitive Person: How to Thrive When the World Overwhelms You.* New York: Carol Publishing, 1996.

Bartels, A., and S. Zeki. "The Neural Basis of Romantic Love." *NeuroReport: For Rapid Communication of Neuroscience Research* 11, no. 17 (2000): 3829–3834.

Birnbaum, G. "Attachment and Sexual Mating: The Joint Operation of Separate Motivational Systems." In *Handbook of Attachment: Theory, Research, and Clinical Applications,* 2nd Edition, edited by J. Cassidy and P. A. Shaver, 464–483. New York: Guilford Press, 2016.

Birnbaum, G. "Attachment Orientations, Sexual Functioning, and Relationship Satisfaction in a Community Sample of Women." *Journal of Social and Personal Relationships* 24, no. 1 (2007): 21–35.

Birnbaum, G. E., H. Reis, M. Mikulincer, O. Gillath, and A. Orpaz. "When Sex Is More Than Just Sex: Attachment Orientations, Sexual Experience, and Relationship Quality." *Journal of personality and social psychology* 91, no. 5 (2006): 929–943.

Bogaert, A., and S. Sadava. "Adult Attachment and Sexual Behavior." *Personal Relationships* 9, no. 2 (2002): 191–204.

Bowlby, J. *Attachment and Loss: Vol 1. Attachment.* New York: Basic Books, 1969.

Bowlby, J. *Attachment and Loss, Vol. 2. Separation: Anxiety and Anger.* New York: Basic Books, 1973.

73 B. Brown, *Men, Women, and Worthiness: The Experience of Shame and the Power of Being Enough* (Audiobook; Boulder, CO: Sounds True, 2012).

74 Brown and Elliot, *Attachment Disturbances in Adults.*

75 R. C. Schwartz, *Internal Family Systems Therapy (The Guilford Family Therapy Series)* (New York: Guilford Press, 1995).

ysis" (2014). Retrieved from UMI Dissertation Publishing, UMI 3581155.
58 A. C. Moors, W. S. Ryan, and W. J. Chopik, "Multiple Loves: The Effects of Attachment with Multiple Concurrent Romantic Partners on Relational Functioning," *Personality and Individual Differences* 147 (2019): 102–110
59 C. Power, "How Secure Functioning Can Help Polyamorous Couples," 2014, https://stantatkinblog.wordpress.com/2018/01/15/how-secure-functioning-can-help-polyamorous-couples.
60 J. A. Simpson and J. Belsky, "Attachment Theory within a Modern Evolutionary Framework," in *Handbook of Attachment: Theory, Research, and Clinical Applications, Third Edition*, eds. J. Cassidy and P. R. Shaver (New York: Guilford Press, 2018).
61 Johnson, *Hold Me Tight.*
62 Johnson, *Hold Me Tight.*
63 E. Sheff, *The Polyamorists Next Door: Inside Multiple Partner Relationships and Families* (Lanham, MD: Rowman and Littlefield, 2014); E. Sheff, "Polyphobia: Anti-Polyamorous Prejudice and Discrimination," 2017, https://www.psychologytoday.com/us/blog/the-polyamorists-next-door/201707/polyphobia
64 Sheff, "Polyphobia."
65 B. Van der Kolk, "Cumulative Effects of Trauma," Collective Trauma Online Summit, 2019, https://thomashuebl.com/event/collective-trauma-online-summit.
66 S. Joseph, "Growth Following Adversity: Positive Psychological Perspectives on Posttraumatic Stress," *Psihologijske Teme* 18, no. 2 (2009): 335–344.
67 R. G. Tedeschi and L. G. Calhoun, "Posttraumatic Growth: Conceptual Foundations and Empirical Evidence," *Psychological Inquiry* 15, no. 1 (2004): 1–18.
68 Bowlby, *Attachment and Loss: Vol 1.*
69 S. Johnson, "Intensive Course in Emotionally Focused Therapy with Sue Johnson: Attachment-Based Interventions for Couples in Crisis," Lesson Two, https://catalog.pesi.com/sales/bh_001234_eftintensive_011518_organic-78213
70 Brown and Elliot, *Attachment Disturbances in Adults.*
71 J. Gottman, J. S. Gottman, D. C. Abrams, and R. C. Abrams, *Eight Dates: Essential Conversations for a Lifetime of Love* (New York: Workman Publishing Company, 2018).
72 Siegel, *Mindsight.*

Daily, June 28, 2018, www.sciencedaily.com/releases/2018/06/180628151713.htm
47 J. K. Mogilski, S. D. Reeve, S. C. A. Nicolas, S. H. Donaldson, V. E. Mitchell, and L. L. M. Welling, "Jealousy, Consent, and Compersion within Monogamous and Consensually Non-monogamous Romantic Relationships,"*Archives of Sexual Behavior* 48, no. 2 (2019): 1811–1828, doi:10.1007/s10508–018–1286–4; Conley, Matsick, Moors, and Ziegler, "Investigation of Consensually Nonmonogamous Relationships."
48 S. Sinek, *Find Your Why: A Practical Guide for Discovering Purpose for You and Your Team* (New York: Portfolio /Penguin, 2011).
49 Moors, Matsick, and Schechinger, "Unique and Shared Relationship Benefits of Consensually Nonmonogamous and Monogamous Relationships."
50 A. C. Moors, J. Matsick, A. Ziegler, J. Rubin, and T. Conley, "Stigma Toward Individuals Engaged in Consensual Nonmonogamy: Robust and Worthy of Additional Research," *Analyses of Social Issues and Public Policy* 13, no. 1 (2013): 52–69, https://doi.org /10.1111/asap .12020.
51 F. Veaux and E. Rickert, *More Than Two: A Practical Guide to Ethical Polyamory* (Portland, OR: Thorntree Press, 2014).
52 A. Nordgren, "The Short Instructional Manifesto for Relationship Anarchy," log. andie.se. Originally published as Relationsanarki i 8 punkter, Interacting Arts, 2006.
53 A. C. Moors, T. D. Conley, R. S. Edelstein, and W. J. Chopik, "Attached to Monogamy? Avoidance Predicts Willingness to Engage (But not Actual Engagement) in Consensual Nonmonogamy," *Journal of Social and Personal Relationships* 32, no. 2 (2014): 222–240.
54 G. Birnbaum, "Attachment and Sexual Mating: The Joint Operation of Separate Motivational Systems," in *Handbook of Attachment: Theory, Research, and Clinical Applications, Second Edition*, eds. J. Cassidy and P. A. Shaver (New York: Guilford Press, 2016).
55 Moors, Conley, Edelstein, and Chopik, "Attached to Monogamy?"
56 M. E. Bricker and S. G. Horne, "Gay Men in Long-Term Relationships: The Impact of Monogamy and Nonmonogamy on Relational Health," *Journal of Couple & Relationship Therapy* 6, no. 4 (2007): 27–47.
57 S. King, "Attachment Security: Polyamory and Monogamy A Comparison Anal-

no. 3 (2014): 1–13.
36 T. Fey, *Bossypants* (New York: Little, Brown, 2011).
37 B. Wray, "How Climate Change Affects Your Mental Health," TED Talk (2019), video, 7:54, https://www.ted.com /talks /britt wray how climate change affects_ your mental health ?language=en.
38 Z. Woodbury, "Climate Trauma: Towards a New Taxonomy of Traumatology," *Ecopsychology* 11, no. 1 (2019): 1–8.
39 T. Hübl, "The Pocket Project," https://thomashuebl.com/about/pocket-project/.
40 E. Perel, *Mating in Captivity* (New York, NY: HarperCollins, 2006).
41 M. Tafoya and B. Spitzberg, "The Dark Side of Infidelity: Its Nature, Prevalence, and Communicative Functions," in *The Dark Side of Interpersonal Communication*, eds. B. Spitzberg and W. Cupach (Routledge, 2009): 211–252; A. L. Vangelisti and M. Gerstenberger, "Communication and Marital Infidelity," in *The State of Affairs: Explorations in Infidelity and Commitment*, eds. J. Duncombe, K. Harrison, G. Allen, and D. Marsden (Mahwah, NJ: Lawrence Erlbaum, 2004).
42 A. C. Moors, J. L. Matsick, and H. A. Schechinger, "Unique and Shared Relationship Benefits of Consensually Nonmonogamous and Monogamous Relationships," *European Psychologist* 22, no. 1 (2017): 55–71.
43 M. Life, *Spiritual Polyamory* (Lincoln, NE: iUniverse, Inc., 2004), 87–95.
44 M. L. Haupert, A. N. Gesselman, A. C. Moors, H. E. Fisher, and J. R. Garcia, "Prevalence of Experiences with Consensual Nonmonogamous Relationships: Findings from Two National Samples of Single Americans," *Journal of Sex & Marital Therapy* 43, no. 5 (2017): 424–440.
45 E. C. Levine, D. Herbenick, and O. Martinez, "Open Relationships, Nonconsensual Nonmonogamy, and Monogamy Among U.S. Adults: Findings from the 2012 National Survey of Sexual Health and Behavior," *Archives of Sexual Behavior* 47, no. 5 (2018): 1439–1450; J. D. Rubin, A. C. Moors, J. L. Matsick, A. Ziegler, and T. D. Conley, "On the Margins: Considering Diversity Among Consensually Nonmonogamous Relationships." *Journal für Psychologie* 22, no. 1 (2014): 19–37.
46 T. D. Conley, J. L. Matsick, A. C. Moors, and A. Ziegler, "Investigation of Consensually Nonmonogamous Relationships: Theories, Methods, and New Directions," *Perspectives on Psychological Science* 12, no. 2 (2017): 205–232; University of Guelph, "Open Relationships Just as Satisfying as Monogamous Ones," Science-

Is More than Just Sex: Attachment Orientations, Sexual Experience, and Relationship Quality," *Journal of Personality and Social Psychology* 91, no. 5 (2006): 929–943; A. Bogaert and S. Sadava, "Adult Attachment and Sexual Behavior," *Personal Relationships* 9, no. 2 (2002): 191–204.

26 M. Main and J. Solomon, "Discovery of a New, Insecure-Disorganized/Disoriented Attachment Pattern," in *Affective Development in Infancy*, eds. M. Yogman and T. B. Brazelton (Norwood, NJ: Ablex, 1986), 95–124.

27 Heller and Payne, "Secure Attachment Parenting in the Digital Age."

28 E. Aron, *The Highly Sensitive Person: How to Thrive When the World Overwhelms You* (New York: Carol Publishing, 1996).

29 Such as Mikulincer and Shaver, *Attachment in Adulthood (Second Edition)*; J. Cassidy and P. Shaver, *Handbook of Attachment: Theory, Research, and Clinical Applications, Third Edition* (New York: Guilford Press, 2016).

30 Main and Solomon, "Discovery of a New, Insecure-Disorganized/Disoriented Attachment Pattern."

31 A. Bartels and S. Zeki, "The Neural Basis of Romantic Love," *NeuroReport: For Rapid Communication of Neuroscience Research* 11, no. 17 (2000): 3829–3834; X. Xu, A. Aron, L. Brown, G. Cao, T. Feng, and X. Weng, "Reward and Motivation Systems: A Brain Mapping Study of Early-Stage Intense Romantic Love in Chinese Participants," *Human Brain Mapping* 32 (2011): 249–257.

32 B. A. Primack, A. Shensa, J. E. Sidani, E. O. Whaite, L. Y. Lin, D. Rosen, J. B. Colditz, A. Radovic, and E. Miller, "Social Media Use and Perceived Social Isolation Among Young Adults in the U.S.," *American Journal of Preventive Medicine* 53, no. 1 (2017): 1–8.

33 J. Galtung, "Violence, Peace, and Peace Research," *Journal of Peace Research* 6, no. 3 (1969): 167–191.

34 C. Cyr, E. M. Euser, M. J. Bakermans-Kranenburg, and M. H. Van Ijzendoorn, "Attachment Security and Disorganization in Mistreating and High-Risk Families: A Series of Meta-analyses," *Development and Psychopathology* 22, no. 1 (2010): 87–108.

35 N. Hazen, S. Allen, C. Christopher, T. Umemura, and D. Jacobvitz, "Very Extensive Nonmaternal Care Predicts Mother–Infant Attachment Disorganization: Convergent Evidence from Two Samples," *Development and Psychopathology* 27,

Shaver, and Slav, 2006.
14 K. P. Mark, L. M. Vowels, and S. H. Murray, "The Impact of Attachment Style on Sexual Satisfaction and Sexual Desire in a Sexually Diverse Sample," *Journal of Sex and Marital Therapy* 44, no. 5 (2018): 450–458.
15 Selterman, Gesselman, and Moors, "Sexuality Through the Lens of Secure Base Attachment Dynamics."
16 Mikulincer and Shaver, *Attachment in Adulthood (Second Edition).*
17 M. D. Ainsworth, M. C. Blehar, E. Waters, and S. Wall, *Patterns of Attachment: A Psychological Study of the Strange Situation* (Hillsdale, NJ: Erlbaum, 1978).
18 This list has been adapted from D. P. Heller and K. H. Payne, "Secure Attachment Parenting in the Digital Age," 2019, https://attachmentmastery.com/parenting.
19 N. L. Collins and S. J. Read, "Adult Attachment, Working Models, and Relationship Quality in Dating Couples," *Journal of Personality and Social Psychology* 58, no. 4 (1990): 644–663; K. N. Levy, "Introduction: Attachment Theory and Psychotherapy: Attachment and Psychotherapy," *Journal of Clinical Psychology* 69, no. 11 (2013): 1133–1135.
20 G. Birnbaum, "Attachment Orientations, Sexual Functioning, and Relationship Satisfaction in a Community Sample of Women," *Journal of Social and Personal Relationships* 24, no. 1 (2007): 21–35; B. Butzer and L. Campbell, "Adult Attachment, Sexual Satisfaction, and Relationship Satisfaction: A Study of Married Couples," *Personal Relationships* 15, no. 1 (2008): 141–154.
21 D. Siegel, *Mindsight: The New Science of Personal Transformation* (New York: Bantam Books, 2010).
22 D. J. Wallin, *Attachment in Psychotherapy* (New York: Guilford Press, 2007).
23 Heller and Payne, "Secure Attachment Parenting in the Digital Age"; D. P. Brown and D. S. Elliot, *Attachment Disturbances in Adults: Treatment for Comprehensive Repair* (New York: W. W. Norton & Company, 2016).
24 L. Campbell, J. A. Simpson, J. Boldry, and D. A. Kashy, "Perceptions of Conflict and Support in Romantic Relationships: The Role of Attachment Anxiety," *Journal of Personality and Social Psychology* 88, no. 3 (2005): 510–531; C. Hazan and P. Shaver, "Romantic Love Conceptualized as an Attachment Process," *Journal of Personality and Social Psychology* 52, no. 3 (1987): 511–524.
25 G. E. Birnbaum, H. Reis, M. Mikulincer, O. Gillath, and A. Orpaz, "When Sex

注釋
Notes

1 M. Pieper and R. Bauer, "Polyamory and Mono-normativity: Results of an Empirical Study of Non-monogamous Patterns of Intimacy." Unpublished manuscript, 2005.

2 J. Bowlby, *Attachment and Loss: Vol 1. Attachment.* (New York: Basic Books, 1969).

3 M. D. Ainsworth, "The Development of Infant-Mother Attachment," *Review of Child Development Research,* 3 (1973): 1–94.

4 M. Mikulincer and P. R. Shaver, *Attachment in Adulthood (Second Edition): Structure, Dynamics and Change* (New York: Guilford Press, 2016).

5 Mikulincer and Shaver, *Attachment in Adulthood (Second Edition).*

6 S. Johnson, *Hold Me Tight: Seven Conversations for a Lifetime of Love* (New York: Little, Brown, 2008).

7 A. N. Schore, "The Right Brain Is Dominant in Psychotherapy." *Psychotherapy* 51, no. 3 (2014): 388–397.

8 Bowlby, *Attachment and Loss: Vol 1.*

9 Bowlby, *Attachment and Loss: Vol 1.*

10 D. Zeifman and C. Hazan, "Pair Bonds as Attachments: Reevaluating the Evidence," in *Handbook of Attachment: Theory, Research, and Clinical Applications,* eds. J. Cassidy and P.R. Shaver (New York: Guilford Press, 2018), 436–455; E. G. Hepper and K. B. Carnelley, "Attachment and Romantic Relationships: The Role of Models of Self and Other," in *The Psychology of Love (Vol. 1),* ed. M. Paludi (Santa Barbara, CA: Praeger, 2012), 133–154; D. F. Selterman, A. N. Gesselman, and A. C. Moors, "Sexuality Through the Lens of Secure Base Attachment Dynamics: Individual Differences in Sexploration," PsyArXiv (2019), https://doi.org/10.31234/osf.io/zsg3x.

11 Zeifman and Hazan, "Pair Bonds as Attachments."

12 See J. A. Feeney, 2008; Mikulincer, Florian, Cowan, and Cowan, 2002; Mikulincer and Shaver, 2007, for reviews.

13 Frei and Shaver, 2002; Joireman, Needham, and Cummings, 2002; Mikulincer,

多重伴侶下的安全感
依附關係、創傷理論，與知情同意的開放式關係

多重伴侶下的安全感：依附關係、
創傷理論，與知情同意的開放式關係／
潔西卡．芬恩（Jessica Fern）著；柯昀青譯
.－初版.－臺北市：麥田出版：
英屬蓋曼群島商家庭傳媒股份有限公司
城邦分公司發行，2023.04
面；公分
譯自：Polysecure : attachment, trauma
and consensual nonmonogamy
ISBN 978-626-310-420-4（平裝）
1.CST: 依附行為 2.CST: 兩性關係
176.85 112001577

封面設計 朱 疋
印 刷 前進彩藝有限公司
初版一刷 2023年4月
初版二刷 2024年7月

定 價 新台幣399元
ISBN 978-626-310-420-4
e-ISBN 9786263104396（EPUB）

作 者 潔西卡．芬恩（Jessica Fern）
譯 者 柯昀青
責任編輯 翁仲琪
國際版權 吳玲緯
行 銷 闕志勳 吳宇軒 陳欣岑
業 務 李再星 陳美燕 葉晉源
副總編輯 何維民
編輯總監 劉麗真
事業群總經理 謝至平
發 行 人 何飛鵬

出 版

麥田出版
台北市南港區昆陽街16號4樓
電話：(02) 2-2500-0888 傳真：(02) 2500-1951
麥田網址：https://www.facebook.com/RyeField.Cite/

發 行

英屬蓋曼群島商家庭傳媒股份有限公司城邦分公司
地址：台北市南港區昆陽街16號8樓
網址：http://www.cite.com.tw
客服專線：(02)2500-7718; 2500-7719
24小時傳真專線：(02)2500-1990; 2500-1991
服務時間：週一至週五09:30-12:00; 13:30-17:00
劃撥帳號：19863813 戶名：書虫股份有限公司
讀者服務信箱：service@readingclub.com.tw
麥田網址：https://www.facebook.com/RyeField.Cite

香港發行所

城邦（香港）出版集團有限公司
地址：香港九龍土瓜灣土瓜灣道86號順聯工業大廈6樓A室
電話：+852-2508-6231 傳真：+852-2578-9337
電郵：hkcite@biznetvigator.com

馬新發行所

城邦（馬新）出版集團【Cite(M) Sdn. Bhd. (458372U)】
地址：41, Jalan Radin Anum, Bandar Baru Sri Petaling,
57000 Kuala Lumpur, Malaysia.
電話：+603-9057-8822 傳真：+603-9057-6622
電郵：cite@cite.com.my